ブレインワークス編著

「アフリカ」で生きる。

―アフリカを選んだ日本人たち

カナリアコミュニケーションズ

はじめに

『アフリカ』と聞くと、多くの日本人は「砂漠」「サバンナ」「不便、不衛生」「飢餓」といった言葉を連想するのではないだろうか？　確かにアフリカ大陸にある各国は欧米や日本と比較すれば、経済が発展途上の国が多い。また、日本からすれば距離の問題もあり、なかなか現地に足を踏み入れる機会も少ないだろう。

しかし、日本人は肝心なことを忘れてはいないだろうか？　かつて、日本の商人（商社）たちは世界の海を渡り、あらゆる大陸に商売の種を植えにいっていたことを。その種が蕾となり、やがて大輪の花を咲かしたことを。残念ながら、今の日本は保守的な思考が蔓延していると感じる。豊かで便利さに満たされた日本は、かつてのローマ帝国と同じ道を辿っていると思える。『パックス・ロマーナ』で平和と繁栄に満たされたローマ帝国の終焉の原因は実はこの『パックス・ロマーナ』を享受した人々の堕落にあるといわれている。豊かさと便利さを享受する先進国、特に日本はそれが永遠に続くと信じているのかもしれない。かつてのローマ時代の人々のように。

不便であり、不衛生、そしてインフラもままならない環境においても人々は逞しく生活をしている。それは東南アジアのビジネスの現場を20年以上見続けてきた私たちの率直な感想だ。そこに、ＩＣＴなど生活を一変させる技術が津波のように押し寄せてくる。ＩＣＴなどの高度な技術でなくても構わない。日本のような先進国が数十年の間で築き上げてきた技術や経験、ノウハウをもってすれば、多くの場面でイノベーションを起こせる現場を目の当たりにしてきた。それこそが途上国や新興国のビジネスの醍醐味であり、日本が失いつつあるイノベーションによる社会変革の姿なのだろう。道路や鉄道が整備され、ストレスなく目的地に到達できる日本において、これ以上速く人間が移動する手段を考えることは無理があるのではないだろうか？　労働力不足が深刻化する日本でこれ以上、人間によるサービスの高度化を求めることは必要なことであろうか？　日本が世界に貢献するならば、今まで築き上げてきた高度な技術やノウハウをいかに世界に伝播させ、その土地で真のイノベーションを生み出すことにもっと目を向けるべきなのではないだろうか。

　東南アジア各国は途上国から新興国と呼ばれ、力強い経済成長力を見せている。しかし、そこには、社会や経済に変革を起こすイノベーションの余地がまだまだ残されている。一方でアフリカには多くの政治問題、民族問題の影響もあり、20世紀から21世紀にかけた途上国、新興国の経済成長の波に乗り遅れた国々が多い。だからこそ、この土地にイノベーションの可能性を賭ける人々も少なくない。

本書はそんなアフリカ大陸と共にさまざまな分野で懸命に生きる人々にフォーカスを当て、紹介させていただいた一冊である。ここに登場する人たちの他にも多くの人たちが現地で奮闘していることは間違いない。本書で取り上げたアフリカと共に生きる人たちはその一部であることを申し上げておきたい。これからも広いアフリカ大陸で活躍する方々をすべからく紹介し、1人でも多くの日本人にその生き様を伝えていきたい。

若者から人生の大ベテランの方々まで本書を多くの人たちに手にとっていただければと思う。そして、皆さまの人生における無限の可能性を感じていただければ幸いである。

ブレインワークス

アフリカで生きる。／目次

社団法人アフリカ開発協会／早稲田大学招聘研究員
佐藤正幸……72

ＮＰＯ法人まちのつながり推進室代表理事、狭山市議会議員
矢馳一郎……77

Chuui（チューイ）
坂本厚子……81

株式会社３ＷＭ
川地　茂……85

Alizeti（アリゼティ）
根津朋子……89

モンスーンジャパン合同会社
横山和歌子……93

川尻翔太……97

Zimba Mission Hospital
三好康広……101

国連開発計画（ＵＮＤＰ）Youth Volunteer
備瀬千尋……105

EXCIA East Africa Limited,
松本義和……109

アジア・アフリカと共に歩む会（ＴＡＡＡ）南アフリカ事務所
平林　薫……113

特定非営利活動法人ケニアの未来
橋場美奈……117

サイディアフラハ
荒川勝巳……121

国際ＮＧＯ野生生物保全協会
西原智昭……125

KISEKI CORPORATION LTD
山田耕平……129

大分工業高等専門学校
久保山力也……133

モリンガの郷
藤井千江美……137

阿南工業高等専門学校名誉教授
青木茂芳……141

株式会社きとうむら
中川公輝……145

任意団体「ＮＰＯ学校をつくろう」
堀田哲也……149

全ての人が、自ら人生を選び取れる社会をつくるために

Alphajiri Limited　代表取締役社長　薬師川智子

私は２０１６年から、ケニア最西端にあるミゴリ県を拠点に、現地法人 Alphajiri Limited という大豆商社を経営しています。４人の社員とともに、約５００名の小規模農家と大豆栽培契約を結び、種子の配布から集荷、選別、加工メーカーへの卸売をしています。

私は中学時代から、「不公平な社会を変えたい。生まれつきの貧困や差別により、自分で人生を選び取ることができない人々の暮らしを変えたい」という強い思いがありました。しかし具体的に何をすれば良いか分からなかった私は、進路を国連職員として国際協力をしようと決めました。その進路に向けてアメリカの大学に進学し、必死で勉強し努力をしてきましたが、就職しても具体的に何をしたいのかがわからず苦しむ毎日でした。そんな中、現場を肌で感じながら仕事をしたいと青年海外協力隊に応募したことで、私の人生は大きく切り開かれました。

協力隊として赴任したのはケニア。ＪＡバンクとの仕事をしていた経験が活かせるようにと思い、第一志望として「大豆農家組合とともに大豆の栽培と加工の普及を行う」という要

請に応募しました。私は幸いにも第一希望に合格しました。

協力隊の活動で痛感したのは、ボランティアができることの時間的・金銭的限界、そして国連など公的機関ができる支援の範囲の限界でした。貧しい人々が、満足な教育・健康・収入を得るという使命は同じです。しかし教育や栄養やお金は、与えるだけではその人には生かされないということを実感しました。自身の労働から対価を得ることと、その対価を何に投資するかという各々の意志が必要だと気づいた私は、ビジネスによって、その使命を叶えられるのではと考えました。

契約農家とともに

統制された農協のほとんど存在しないケニアでは、市場のある農産物を作っても、農家がメーカーの望む量・品質・納期に応えることができないため、作っても売れないことが日常茶飯事です。

そして農家の自助努力では、到底市場の要求に応えることは難しく、生産者と市場のロジックを取り持つ存在が必要であるという結論に至りました。そこで私は、協力隊時代に深く関わった大豆で、農家との契約栽培（組織化や種子・農業資材の貸付も含む）から品質管理、在庫管理、営業と都市部の加工メーカーへの卸までを行う商社を設立しようと決めたのです。

今は、ケニア西部ミゴリ県の小規模農家約500名と栽培契約を結び、集荷・調整した大豆を、首都ナイロビの食品加工メーカーのオーダーに合わせて出荷しています。この仕事で何より嬉しいのは、生産者や社員の成長を見られること、生産者・社員・お客様から感謝の言葉をいただけることです。

契約農家の集荷風景

基礎教育を満足に受けていない農家と上手に対話し協力してもらうこと、ビジネスでの教育を受けた経験の全くない地方のケニア人社員に、基礎的な事務やビジネスマナーを教育すること、先進国と一切異なる商習慣において、ケニア人と交渉し売り上げをあげていくことなど、どの側面を切り取っても、簡単なことなど一つもありません。

しかし今後も、現在の事業を着実に成長させ、近い将来には当社自身が加工の一端を担ったり、ケニアにとどまらずアフリカ各国で、大豆だけではない農業のサプライチェーンを改革する事業へと手を広げたいと考えています。

まだまだ私自身も会社も発展途上です。今10代の人たちに何かメッセージを送るとしたら、「自分が正しいと思うことを、決して諦めずにやり続けて」と言いたいと思います。志を実現するためには、社会で様々な人や事象と関わり、そこに自分自身がどう向き合うかという作業を、丁寧に行うことしかありません。それは、日本であろうと、アフリカであろうと、どの場所・時代でも、不変のことです。私は、意志を切り開いた始めの一歩が、たまたまケニアだったというだけです。もし、自分の意志の実現がアフリカにある気がする、そんな方がいらっしゃったら、まずはとにかく来て、体験し考えてみてください。応援しています！

研修を受ける農家の女性たち

プロフィール

1988年奈良県生まれ。2011年テキサス大学アーリントン校にて、政治学およびフランス語学士号を最優秀で取得。同年農林中央金庫へ入庫、長崎県内のJAバンクに対する財務モニタリング・業務推進等を担当。2014年より青年海外協力隊員としてケニアに赴任、大豆栽培・加工の普及に従事。2016年、大豆商社 Alphajiri Limited 設立。
企業名：Alphajiri Limited（アルファジリ）
ケニア国内の農産物流通に不足している「包括的なサプライチェーン」を提供すべく、小規模農家との大豆契約栽培・買取・加工メーカーへの卸業を行う。

パジェの愉快な仲間たち

Paradise Beach Bungalows　オーナー　三浦砂織

東アフリカ、タンザニア連合共和国東のインド洋上に浮かぶ島、ザンジバル島で宿泊施設と日本の家庭料理レストランを始めて、２０１７年7月で早25年になります。

ペパーミントグリーンの海を見渡す浜辺にバンガロー3軒で始めて、現在は12棟のバンガローを欧米、日本、中国、韓国など世界中のお客様にお貸しして、日本の家庭料理と、ここザンジバルのスワヒリ料理でおもてなしをしています。最近はアジアのお客様向けに朝、お粥もお出しししています。始めたころは、村にはまだ水も電気もなく、トイレのない家庭も多く、村人は浜辺で用を足していらっしゃいました。

現在ここではWi-Fiも使え、お湯のシャワーもあります。料理はガスで調理し、パンは木炭で焼いています。始めは何年も、バケツの水をカップですくう式のシャワー、夜の明かりは石油ランプ、料理も木炭とまきで作っていました。そして、水は井戸から釣瓶であげていました。釣瓶で水をくみ上げてくれていたおじいさん（ムゼールーム）はもう亡くなり、今はその息子さん（ティンベ）が働いてくれています。彼も55歳を迎え定年です。

ここに来る前の仕事は、毎日放送ラジオ局のリポーター。その後、和歌山放送ラジオ局のアナウンサーを務めさせていただきました。加えて司会業では70組以上のカップルの結婚式で司会させていただき、そのときの貯蓄がこのパラダイスを始めるにあたっての資本金になっています。

ここでは現在、17人の従業員を雇っています。私以外は全員タンザニア人です。ほとんどが隣村の村人。そして夜の警備員には、恐れ知らずのマサイ族のモラン（若い戦士）を雇っています。村人たちにとっては初めてのホテルレストランでの仕事で、教える事が山積みです。毎週木曜日には全体ミーティングです。初めは声も出なかった子たちが少しずつ不足している物品や、故障個所などを言えるようになりました。もう少し高度なビジネス、サービスの向上を目指す意見交換の場にしたいのですが、それは無理でしょう。ホテルに泊まったことがなく、レストランで食事なども私が連れて行く以外にはしたことがない皆さんです。そして終わりには私達パラダイスの決まりを参加者の中から1人選んで言ってもらいます。

パラダイス ビーチ バンガローズのスタッフ一同

「お客様へ、そしてスタッフへも必ず挨拶をする」。現地の年長者には挨拶をしますが、私など外国人には挨拶をしません。「謝る」。彼らはミスを犯しても決して謝らず、相手の非を探します。自分のミスでなくともその場では謝り、後で説明をする。「嘘はつかない」。皆さん嘘つきです。「ごみはひろう。ポイ捨てをしない」。現在は、以前にはないプラスチックやビニール袋があり、昔捨てていた果物の皮や種のようにそれも捨ててしまう。家庭では教える人がいません。「ありがとうと言う」。お礼を言うというしつけがされていない。まるで幼少児教室？　そうかもしれませんがこれが私たちの現実です。

それでも私の小言に耐えて、料理人は漬け丼、てんぷら、煮つけ、グラタンにタコのザンギと、私の好物を何種類もとても上手に作ります（ファトゥ、ムアへ、アミーナ）。読み書き計算が苦手だった子にも、運転免許を取らせて、今では1人で街へ買い出しに行きます。簡単な電気水道工事ならできるようになりました（タッキー）。英語が得意ではないと言っていた子には英語の専門学校に入学してもらい、いいレセプショニストとしてお客様の信頼を得ています。おまけに日本語まで話します（アリ）。

皆チャーミングでかけがえのない私のファミリーです。

さて、私の仕事は集団生活での基本的なマナーを教える事。料理もすべて何度も作って見せて教えました。掃除も注意しています。クリスマスには飾りつけをして、暇になると焼き肉パーティーを催して、評判のいいレストランには料理人、ウエイターを連れて行き、朝は起きてから予約の管理をして、犬にしつけをして、ネコにえさをやり、新しいスタッフのインタビュー、いつも数珠つなぎで起こる問題の解決。私の行動のすべてが仕事につながっていると言っても過言ではありません。

そこでストレスもたまります。子宮筋腫になりました。一昨年に初めて帯状疱疹を出しました。日本大使館の医務官に個人的に大変お世話になりました。お守りまでいただきました。本当にありがたく思っております。

考えてみますと、資金は少なかったですが、若くて体力のあるうちにこの仕事を始められたことが良かったと思います。そして元気で素直で、柔軟な精神を持つ人間に私を育ててくれた両親に本当に感謝しています。加えていつも勇気づけてくれて、笑わせてくれて、心からのアドバイスをくれる友人にも心から感謝しています。

そしてここで過ごしてくれたお客様方、これからお越しくださるお客様に感謝しています。お元気で、毎日楽しく生きましょうね。

プロフィール

1959 年北海道室蘭市生まれ。1982 年に京都女子大学文学部国文科卒業後、毎日放送ラジオレポーターとして入社。1985 年－1990 年 4 月、和歌山放送ラジオアナウンサーとして活躍。1990 年日本アフリカ文化交流協会スワヒリ語学院入所（ケニア　ナイロビ）。1992 年 7 月 4 日 Paradise Beach Bungalows(パラダイス　ビーチ　バンガローズ) を建築し、現在に至る。
企業名：Paradise Beach Bungalows
URL：http://nakama.main.jp/paradisebeachbungalows/

東アフリカ・ケニア初となる持ち帰り寿司の販売を開始

KAI LIMITED（カイリミテッド）代表取締役社長　薬師川恭平

なぜ、アフリカなのかというと、チャレンジしている人間がまだまだ少ないからです。２００３年に19歳でベトナムへ留学した時もそうでしたが、人と違うことをしたいという思いを強く持っています。日本人にとって物理的にも心理的にも遠いアフリカ。進出している日系企業も少なく、まして起業家は数えるほどです。また、マーケットとしても、先進国や東南アジアの途上国と比べても手がつけられていない事が多く、自分が成すべき事を見つけられる場所だと思ったからです。

本当はベトナムにおいて飲食業で起業したいと考えていました。しかしなかなか踏み出す勇気が持てず、そのうちにベトナム経済はどんどん成長しました。初めて訪れた２００３年からの10年間で、名目ＧＤＰは約４倍となりました。個人資本で商売を始めるには難しい時代になったと感じました。そんな時、参加していた勉強会でアフリカの話題が持ち上がりました。また知人が駐在していたこともあり、一度行ってみることにしました。

２０１４年６月にケニアと南アフリカを訪れました。アジアとの文化の違いはあるにせよ、特にケニアは、10年前に見た発展前のベトナムを思い出させました。このチャンスを逃せば後はないという強い思いから、7月には退社し、9月にはケニアに移住をしていました。当時ベトナムで勤務していた会社には大変迷惑をかけましたが、20代前半から持ち続けた起業への思いに突き動かされました。

ナイロビを中心に展開している中間富裕層向けのスーパーマーケットチェーンと提携し、現在6店舗にて持ち帰りスタイルの寿司を販売しています。まだまだ売上自体は小さいですが、購入してくださるお客様の半数近くは意外にもアフリカの方で（主にケニア人）、今後のポテンシャルを大変感じます。また、寿司には欠かせない鮮魚やお米についても、小さい規模ではありますが独自の取り組みを行っています。そもそも生食がない食文化ですから、内陸に位置するナイロビでは新鮮な魚は手に入りません。ケニア第二の都市で港町であるモンバサに毎月通い、漁師や仲買人との関係作りに時間を使い、新鮮な魚を入手するためのルートを構築しています。また、お米については、これまで灌漑公社にて研究目的で栽培されていたコシヒカリの籾をいただき、専門家から栽培を学んだ農家と契約し、独自に栽培してもらっています。収穫したお米は現在、弊社の寿司にのみ使用していますが、マーケット調査を

お米の契約農家と

スーパー内ブース

行い、卸売や小売を始める予定です。

アフリカと一口に言うのは難しいですが、ケニアに来て良かったと思うことは、ビジネスにおいてチャレンジしている人が少ない、手をつけられていることが少ないという点です。また一方でナイロビなどの都市部ではある程度のマーケットがすでにあり、今後の成長も大いに期待できる点です。

また、容易なことではありませんが、自分が取り組むべき社会問題を見つけられたことも、短い人生において大きなことだと思います。

直近では、内陸国で隣国であるウガンダの首都カンパラにオープンする日本食レストランへ、モンバサからナイロビを経由して鮮魚を供給します。

また今の事業規模からはまだまだ夢物語ですが、目標としていること、今後取り組みたいことは次の通りです。

1、寿司がバーガーやピザと同じ外食の一つに位置付けられる時代を作る。

高所得者だけでなく、中間層の人にも寿司を広める。

2、もともと肉食で、魚を食べるとしても淡水魚（ナイルパーチ・ティラピア）というこの食文化において、海の魚が一般的に食べられる時代を作る。

3、資源枯渇を抑制するため、また安定的に鮮度の良い魚をマーケットに供給するために、海洋面での養殖を行う。

すでに最後のフロンティアとしてアフリカは注目されています。ビジネスにおいても、社会問題にしても、あなたが取り組むべきことは必ずあると思います。しかし、それは一朝一夕に成せるものではありません。この地の人と共に生き、骨を埋める覚悟で臨まなければ痛い思いをするだけでしょう。特に「人」のマネージメントは大変難しいです。毎日、目を、耳を疑うことが起きます。強い覚悟がなければ、それらの困難を乗り切ることはできません。私自身、まだまだ駆け出しで、時に心が折れそうになることもあります。しかし、前述の将来像を思い描くといつも魂が震える思いで、今日もまた頑張るぞと力が出ます。あなたが本気なら、退路を絶ってこのブルーオーシャンに飛び込んでみてください。良くも悪くもあなたの人生を方向づける何かが見つかるはずです。

弊社スタッフと

プロフィール

大阪外国語大学（現・大阪大学）外国語学部地域文化学科ベトナム語専攻（在学中に２年間休学しベトナムへ留学）卒業後、ニュージーランド、シンガポール、ベトナムにて物流会社で勤務。2014 年、ケニア・ナイロビに渡り最初の会社を設立し、日本食レストランをオープン。2015 年末にビジネスパートナーに譲渡。2016 年 KAI LIMITED を設立し、現地のスーパーマーケットと提携し、持ち帰りスタイルの寿司の販売を開始。現在６店舗にて販売。
企業名：KAI LIMITED
URL：https://www.kai.co.ke
FB：https://www.facebook.com/kailimited/

生命の木「モリンガ」を通して、アフリカの豊かさを日本に

VIVIA JAPAN 株式会社　代表取締役　大山知春

私とアフリカの最初の出会いは、２０１２年、オランダのビジネススクール在学中のことでした。世界19カ国から集まった39名の学生たちと、１年間同じキャンパス内の寮で家族のように暮らす中、打ち解けやすく自然と仲良くなっていったのが、アフリカ出身のクラスメイトでした。周囲との協調や調和を大事に考えるアジア人と通じるところがあり、教養が高く、自国の文化や歴史に精通し、気張ったところもなくオープンで……これまで関心がなかったアフリカに好感を持つきっかけになりました。

ガーナは、近年、商業用オイル生産が始まったこともあり、アフリカの中でも特に経済成長が目覚ましい国でした。当時、まだオンラインショッピングサイトがないと知り、ガーナ人クラスメイトと共に、卒業論文を兼ね、現地で1ヶ月以上マーケットリサーチを行い、会社を登記しました。その様子を見守ってくださっていた前職からお世話になっていた個人投資家が投資してくださり、卒業後、そのままオランダからガーナに移住しました。

１年かけて、ようやくガーナ初のファッションに特化したオンラインショッピングサイト

をソフトローンチした頃、舌癌を疑い検査のため日本に戻りました。ステージ2の舌癌でした。無事、手術は終わりましたが転移・再発の可能性が高いこと、2、3週間毎に経過観察の必要があることから、現実的にアフリカで暮らすことが難しくなりました。転移予防のため何ができるか調べ「体に取り入れるものが、そのまま体になる」と考え、自分なりに食事療法を取り入れることにしました。

ガーナ人パートナーと

この先どうしようか悩みながら、病院のベッドで、乾燥で痒くなった肌にクリームをつけていたときのこと。ヌルっとするだけで、肌はいっこうに潤わずパサパサのまま全く効かないので、何が入っているのか表示を見ると、よく分からない原材料が何十種類も一つのクリームの中に含まれていました。「ガーナで使っていたモリンガオイルを取り寄せよう」と思い、ハッとしました。

何でもある日本にないものは、これではないだろうか？　肌につけるものは、10分で体内に吸収されていきます。毎日使うスキンケアは、食事と同じ。アトピーで悩んでいた人が、毎日入浴できるとは限らないアフリカの生活で改善した面白い事例があります。癌も現代病と言われ、物質的に豊かなはずの先進国で患者が増加しています。どれも化学物質の多用が要因として懸念されていました。ガーナのあまり知られていない素晴らしい天然素材を、日本に紹介しよう。

モリンガは、ガーナで「生命の木」と呼ばれており、運命的なものを感じました。92の栄養素を持ち、葉、実、種、茎、花、根、全て活用できるモリンガ。世界で唯一、人間に必要な必須アミノ酸を全て含む植物です。とても生命力が強く、痩せた土地でも一定以上の気温があれば、1年で4~5メートル成長していきます。一般の植物の20倍の二酸化炭素を吸収し、

モリンガの木に囲まれて

水を浄化する作用もあることから、貧困、環境問題の解決策として注目されています。

そうして、モリンガオイルや、ガーナの特産シアバターなどを用いた、誰もが安心して使えるアフリカの自然生まれのナチュラル・スキンケアブランド、JUJUBODY［ジュジュボディ］を創設しました。これまで、多くのメーカーが素材としてアフリカを利用してきましたが、アフリカにアイデンティティーを置くブランドは見たことがありません。

ガーナの人は、未精製素材を好んでスキンケアに使うため、JUJUBODYも未精製素材にこだわっています。白米より玄米に、より栄養価が含まれるように、未精製の天然素材は栄養が豊富ですが、気温によって素材感が変化するので扱いにくく、スキンケアに使われるのは稀です。皮膚科に通っても治らなかった肌トラブルに悩んでいた方から、出来物がなくなった、ステロイドを使わずにすむまでにアトピーが改善したという声をいただくようになりました。

　モノなんかなくても笑顔と生きる喜びが溢れる、そんなガーナの「豊かさ」と共に、本物の素材を味わうという最高の贅沢を届けていきたいと思います。

JUJUBODY モリンガヴァージンオイル

プロフィール

1983年、千葉県出身。東京、バンコクの金融業界で勤務後、オランダでMBA取得。卒業後、ガーナで起業中に舌癌発症のため日本に帰国。療養を機に、化学物質に依存したライフスタイルに疑問を抱き、ガーナの伝統医療の価値を再実感するようになる。生命の木「モリンガ」などを用いた、アフリカの自然生まれのオールナチュラル・スキンケアブランド「JUJUBODY」〈ジュジュボディ〉を2015年10月に日本で発表。

企業名：VIVIA JAPAN 株式会社

URL：www.viviajapan.com　www.jujubody.com

モザンビークで奇跡の木を植え始めた理由

有限会社 Moringa Mozambique、代表取締役　山家友明

こんにちは、山家《やんべ》友明《ともあき》と申します。アフリカのモザンビークに住んで、今年で7年目に入りました。初めは、青年海外協力隊という、JICA（日本国際協力機構）のプログラムの一環でモザンビークへやってきました。その後、開発コンサルタント→起業という経緯を辿り、気がつけば20代後半のほとんどをモザンビークで過ごし、30代へ突入。思えば遠くへ来たもんだ、と海援隊の歌のような心境です。今回は、私が何をしているか、なぜモザンビークに暮らし続けているかについて、ご紹介します。

モリンガを通じて、モザンビークへ変化を

突然ですが、モリンガをご存知でしょうか。モリンガとは、「奇跡の木」と呼ばれるほど、豊富な栄養素（90種類以上）が含まれている植物です。日本などの先進国では、健康食品・美容品として注目を集めており、モザンビークなどの途上国では、栄養改善に貢献できる植物として、国連やNGOのプログラムに採用されています。

そのモリンガの栽培・加工・販売が、私の行っている事業です。現在、小規模ながら自社農地と加工施設を持ち、今年から日本企業と協力し、本格的に加工、販売を開始していきます。

私がなぜモリンガ事業をしているのか、理由は2つあります。

1つ目は、モリンガが現地の新しい換金作物となれば、現地住民の収入源を増やせると考えたから。2つ目は、モリンガを普及すれば、栄養不良問題を軽減できると考えたからです。

モザンビークでは、農村地域に住む人々の収入手段が限られています。薪や木炭を路上で売る姿は、どこへ行っても目にする光景です。私はそうした現状の農村地域に、新しい収入源を作りたいと考えています。

モリンガは、熱帯で育ち、干ばつに強い植物なので、雨水頼みの現地農法でも、比較的容易に栽培できます。また、他の作物との混作ができるので、空いている農地スペースに植えてもらえれば、手間を強いることなく生育が見込めます。

現地住民がモリンガを栽培し、私たちの会社が葉や種を買い取っていく。現時点では種の買い取りしか実施できていませんが、私たちが成長すればするほど、買い取り量も増え、より多くの現地住民へ収入源をもたらすことができる、と考えています。

著者とモリンガ

現地パートナーとスタッフたち

２つ目の『栄養不良問題』の軽減については、栄養価の豊富なモリンガを食文化に浸透させることで、現地住民の栄養問題へアプローチしたいと考えています。

栄養価の高いモリンガですが、現地でその価値を知る人はまだ少数です。それならば、まずこの国にモリンガをたくさん植えてみよう、そう考えました。至るところにモリンガがあれば、『この植物は価値のあるものだ』と人々が認識し、栄養素が豊富なことを知れば、食事に使ってみようと行動に移すかもしれません。

幸いなことに、ここモザンビークでは、マタープという甘いグリーンカレーのような伝統料理があるので、その中に緑色のモリンガの葉を入れても違和感なく食べられます。栄養が不十分なために、病気になる→働けない→栄養を摂れない、という貧困のスパイラルに陥る人が多い現状を、モリンガを通じて少しでも改善したいと考えています。

上記２つのことを実現させるために、数年前からモリンガの木を現地に植え始めました。

なぜアフリカか

今年で滞在7年目のモザンビーク。なぜ私がここに居続けるのか、一言で説明することは難しいです。初めてモザンビークに来たボランティア時代、『この国で気の合った現地人と事業ができたら面白そうだ』と思ったのがきっかけで、その後は様々なご縁が重なって、気づいたらここまで来た、という感じです。

この7年間、楽しいことばかりではありませんでした。首絞め強盗や車両泥棒に遭ったり、モリンガ農地を何者かに焼かれたりと、嫌な目に遭ったことも度々あります。それでも、まあなんとかなるだろう、という気持ちで生活しています。少しずつでも前へ進めれば、いつか大きなことを成し遂げられる、そう信じて毎日楽しく生きる気持ちを大切にしています。そのような気持ちでいられるのは、おおらかな国、モザンビークで暮らしてきたおかげかもしれません。

コミュニティへモリンガの普及活動

プロフィール

1986年生まれ、宮城県出身。早稲田大学卒業後、青年海外協力隊でモザンビークへ派遣。その後、開発コンサルタント会社でのモザンビーク勤務を経て、現地に有限会社 Moringa Mozambique を設立、代表取締役を務める。

企業名：有限会社 Moringa Mozambique

事業内容：モリンガの栽培、加工、販売

ブログ：ぱらぶらワールド　http://yachiro51.hatenablog.jp/

ケニアでの果物加工事業に賭けて

Kenya Fruits Solutions Ltd.　山本　歩

大学生のときに、途上国の農業・農村開発分野で将来は仕事がしたいと考えていました。アジアの国々は大学時代に訪問しました。アジアに比べるとアフリカの農村部の情報は限られていたので、自分の目で見てみたい、何かできることがあればやりたい、と漠然と考えていました。

大学４年生のときに青年海外協力隊に一度挑戦しましたが、そのときは受からず、その後は社会に出て働いていました。30歳のときに電車のなかで青年海外協力隊募集の吊り広告を見たときに、ふと大学生のときに、アフリカに行きたいと考えていたことを思い出して、何となく応募してみようと思って受けたら、ケニアへの派遣が決まりました。母親に行って来なさいと背中を押されたこともあり、参加を決めました。

青年海外協力隊・村落開発普及員の活動を終えたあと、２０１４年４月にケニアの法人として「Kenya Fruits Solutions Ltd.」を登録しました。農家から直接買い取った原料のマンゴー・パイナップル・ココナッツを乾燥加工して、ケニアの食品会社に販売しています。その会社が包装して、ケニアのスーパーマーケットで販売されています。

隊員時代に住んでいたマチャコスという町のアパートの一室に日本製の小型の乾燥機を1台購入するというところから始まり、現在はティカという産業都市に移り、乾燥機は3台まで増えました。まだまだこれからです。

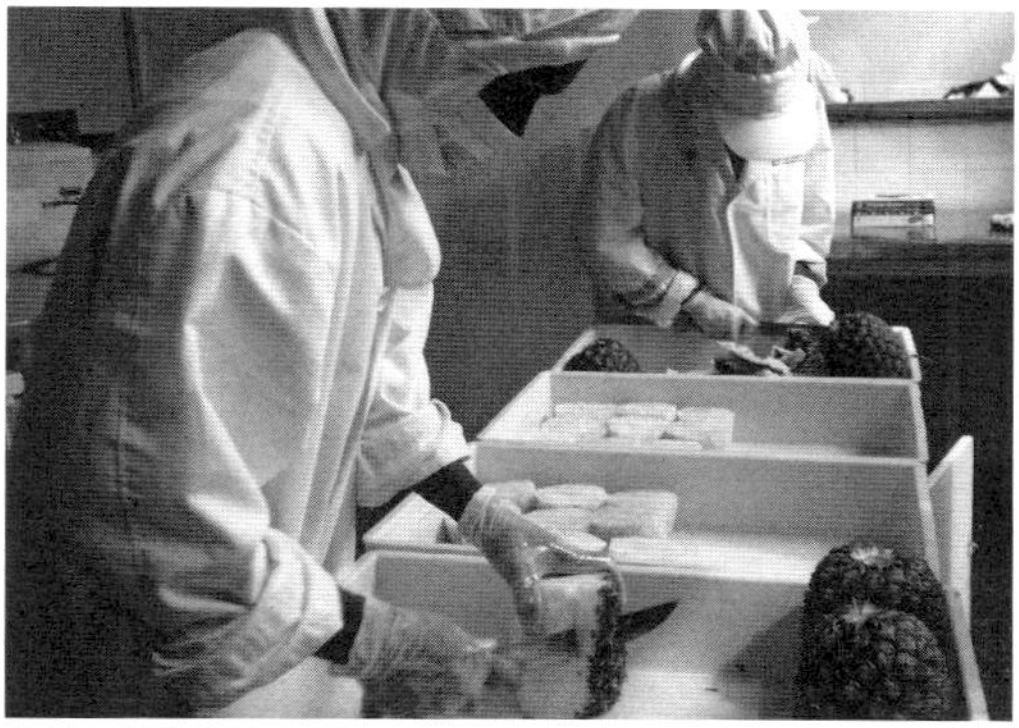

弊社の製造現場での加工風景

「ケニア産の果物の加工・販売を通し、ケニアの半乾燥地域の果物農家の収入の向上と雇用創出に貢献する」というビジョンを掲げています。このビジョンを実現し、持続的な事業とするには、品質・生産性・原価の管理を徹底し、事業成長のために必要な利益を確保しながら高品質の商品を供給していくことが経営の肝になると考えています。

２０１７年2月現在の従業員数は10名（うち6名が正社員）です。人材を育てることも会社の成長には不可欠なので、カイゼン・5Sに取り組んでいます。変色によるロス率が20％と想定以上に高いときもありましたが、ケニア人の食品加工の知識をもった若者を起用して、問

提携しているパイナップル農家グループの人達との写真

題は解消されています。

アフリカでは、まだ手がつけられていない事業領域が山ほどあると思います。自分のやりたいと思ったことをアフリカだったからできているのだと思います。現地の人達はフレンドリーで明るく、楽しく生活しています。また、ケニアの場合は、日本人に対して好意をもっている人が多いように感じます。親切に接してもらえることもあり、比較的やりやすいです。

現在取り組んでいる果物加工事業の規模を大きくしていき、買取量を増やしていくことにより、ケニアの農村社会へのインパクトを少しずつ創出していきたいです。

考えすぎても始まらないので、何かやりたいことが心に芽生えていて、7割くらい実現できると思うならば覚悟を決めて、動き始めてみてください。私の場合は、起業後、先ず6ヶ月間本気で動いてみて、それ以上進めるかを判断すると決めて始めました。初めの6ヶ月に取引先になりそうな企業が見つかり、またあと半年やってみようという具合に進んできました。当初はぼんやりとしていた事業像が次第にくっきりと現れてきて、約1年10ヶ月が経ったころのある日、あと10年はこの事業を続けていこうと決意していました。

もう一点。日本人のイメージにあるアフリカの人達の考え方や価値観はご想像の通り、かけ離れています。違った社会環境のなかで育ってきたのですから、私たちの考え方が正しいというのは、捨て切ってしまって、現地の人達に歩寄り、受け入れていくというプロセスが必要になります。何事もテキパキとは進みません。どれだけ辛抱強くしていられるかの修行をしているのかと思うときがあるくらいです。粘っていたことが動き出したときにはその分、大きな達成感や充実感がやってくるのです。

取引先が販売している最終商品の写真

プロフィール

1980年、大阪府出身。神戸大学農学部を卒業後、奈良県内の農業高校の農業科常勤講師として勤務。2011年にJICA（独立行政法人国際協力機構）の青年海外協力隊として、ケニアに赴任。農業省の地方事務所で村落開発普及員として、農業普及支援に携わった。そのときにマンゴー栽培にケニアの半乾燥地域の社会発展に寄与できる可能性を感じ、果物加工の起業を決意。2014年4月にケニアで法人登録を済ませ始動し、現在に至る。
企業名：Kenya Fruits Solutions Ltd.
URL：www.kenyafruitssolutions.com

自分にしか出来ないことをする

元青年海外協力隊（コミュニティ開発）　古岡　繭

元々アフリカには漠然とした興味がありましたが、今思うと大学生の時に見た「ルワンダの涙」という映画が私のアフリカへ関わるきっかけでした。それまでは人が死ぬ映像を見ても目を背けていましたが、そのときは映像をしっかり見て、世界の現実を受け止めようと使命感のようなものを感じていました。それ以降、特にアフリカの紛争に関心を持ち、まずは元子ども兵の社会復帰支援等を行うＮＧＯでインターンを始め、大学院では同団体協力の下、ウガンダの元子ども兵の経済的自立を研究…と徐々に関わりを深めてきました。それまでは長期の海外滞在経験がなかったのですが、周りが海外に飛立つのに触発され、長期で現場に入りたいと大学院修了後に参加したのが青年海外協力隊でした。

しかし、いざ協力隊としてルワンダに赴任すると、自分の能力の不十分さに落込む毎日でした。これまで開発学を学んできましたが、その知識だけでは現場では不十分。ビジネス経験もなく、芽と雑草を見分けられない程、農業にも疎くて、これと言って手工芸等の趣味もない私は、収入向上支援をどうしたら良いのか途方に暮れました。

しかし、配属先の同僚と仲良くなる内に、自分だけでやろうとせず、知識も経験も豊富な彼らの力を借りたら良いんだと思うようになり、「取り柄のないジェネラリスト」として、現地語の習得や周りを巻き込む関係作りに注力するようになりました。

ただ、関係作りと言ってもそう簡単には行きません。裏切られたことも、腹が立って思わず暴言を吐いてしまったこともあります。ですが、現地語を習得し、イベント等に参加してルワンダ人と多くの時間を共有し、相手の考え・文化を尊重するよう心がけました。苦手な料理で友人を自宅でもてなしたほか、日本で参列した結婚式は片手で数える程なのに、ルワンダでは15回以上も参列しました（笑）。自分なりに愛情を伝えると、相手は倍以上に応えてくれます。おかげで、ムズング（白人）ではなくマユと呼んでくれる友人が多く出来て、仕事もある程度円滑に進めることが出来るようになりました。

ウガンダの元子ども兵へのインタビュー

例えば、地元の若手起業家を訪問しては彼らの可能性を実感したものの、彼らが活躍出来る舞台が限られていることに疑問を感じており、同僚にそれを話すと賛同・協力してくれ、配属先管轄の地域の物産展に若手起業家も多く招待し、大勢に知ってもらう機会を作ることが出来ました。今までの信頼関係のおかげで、私の提案も聞いてもらえたのだと思います。

「アフリカの水を飲んだ者はアフリカに帰る」という諺がありますが、その諺通り、私は協力隊終了後もアフリカとの縁が続いています。

何故そこまで拘るのかはよく分かりませんが、おそらくアフリカに関わりたい気持ちが継続しており、更に私にチャンスを

可能性を感じさせてくれたルワンダの起業家

くれる人がいるからだと思います。あとは、昔から負けず嫌いなので、インドネシアに関わり続ける双子の妹への対抗心もあるのかもしれません（笑）。

実際にウガンダで元子ども兵の話や、ルワンダで虐殺の体験談を聞いて、アフリカの紛争は「遠い国の話」ではなく、「友人のAさんが実際に体験した事」と身近になり、紛争経験国の人々が自らの力で希望を取り戻す機会を提供したいという思いがより強くなりました。

協力隊時代に語学や忍耐力、相手のニーズを探る力等の現場力を磨き、自分の足りない部分を徐々に埋めていますが、それを見ていた先輩隊員や、学生時代インターンをした団体がもっとアフリカに関わるチャンスをくれました。そのおかげで現在は民間企業で、その後N

GOでスキルを磨いて行く予定です。一人で何役もこなす必要がある組織だからこそ、未経験の分野でも周りを巻き込んで進めて行きたいです。

「自分にしか出来ないことをする」

父が大切にしていることですが、私の中でも一つの指針となっています。数年前に漠然と描いていた「紛争経験国の人々の経済・心理的な発展に寄与したい」という思いに向かって、これまで自分の意志に任せてがむしゃらにやって来たことが、周りの協力もあって少しずつ形になり始めました。一人前として活躍出来るようになるにはまだまだですが、自分が生まれて来た証を何らかの形で残せるよう、これからも日々精進します。

再び戻って来たルワンダで友人との再会

プロフィール

1989年、兵庫県出身。神戸大学大学院国際協力研究科修了後、青年海外協力隊に参加し、ルワンダ東部県ンゴマ郡庁で主に協同組合の情報整備、若者の雇用支援に従事（2014年7月～2016年7月）。現在は先輩隊員が立ち上げた蜂蜜やジャムを製造するRWAMITTU LTD.にて、短期間の業務補佐を実施。2017年4月より、学生時代にインターンをしていた認定NPO法人テラ・ルネッサンスで勤務、ブルンジに派遣予定。
企業名：RWAMITTU LTD.／認定NPO法人テラ・ルネッサンス
URL：http://rwamittu.com
http://www.terra-r.jp

「アフリカデザイン」という新しい視点で世界を豊かに

Maki & Mpho　ナカタマキ

なぜ「アフリカデザイン」か

デザインを通じて、より多様なアフリカの視点を世界に発信すること。アフリカに対する偏見や誤解をなくし、開発援助や市場開拓ではない、アフリカと世界との新しい関係性をつくること。アフリカデザインの世界流通を目指す、Maki & Mpho（マキ エンド ムポ）のブランドビジネスの挑戦には、そういった考えが背景にあります。

私は「アフリカデザイン」を、アフリカ視点での問題提起や、問題解決のアプローチの総称として理解しています。アフリカを一つの国のように扱うつもりはなく、デザインといっても見た目だけの話ではありません。鮮やかな色や民族的な柄など、「アフリカ的な」インスピレーションはトレンドとしても注目されていますが、私たちはグローバルな文脈におけるアフリカデザインを、一過性ではなく確固たる位置づけにすることを目指しています。

アフリカ発の革新性

Maki & Mpho はアフリカの新しいデザインと日本や世界の伝統工芸を繋ぎ、ユニークな素材やインテリア・ファッション雑貨を企画・開発・販売するブランドで、南アフリカ・モザンビーク人のムポ・ムエンダネが、柄やデザインのディレクションをしています。私たちのアフリカビジネスとしての独自性は、事業プロセスの起点となるコンセプト構想とビジュアルデザインを、アフリカ人が主導している点です。アフリカを、原料調達地、生産拠点、最終市場とするビジネスモデルは少なくありません。一方、私たちはアフリカの人々による新しいアイディアや創造性をアフリカデザインのライフスタイル商品として流通させることで、発見・驚き・学びという価値を広めることに、焦点をおいています。

Maki & Mpho 共同創業者ムポ（左）とマキ（右）

新しいアフリカを発信する現地のクリエイターたち

アフリカの若手クリエイターの多くは、主に欧米のマスメディアを通じて発信されるアフリカの限定的なイメージに対して、新しいイメージやストーリーをもっと発信したいと考えています。訪問したアフリカ南東6カ国では、特にケニア・ナイロビとルワンダ・キガリのクリエイティブセクターが印象に残っています。ナイロビでは地元クリエイターが集まるイベントで、主催者、グラフィックデザイナー、DJなどに加えブロガー兼クリエイターデュオとして活躍する2ManySiblingsとの出会いがありました。キガリでは、クリエティブ代理店として現地ブランドやDîner en Blanc（世界各都市で開催されるフランス発のディナーパーティー）キガリ版のプロデュースなどを手がけているIllume Creative Studioなども訪問しました。国内外を移動し、広い視野をもつ彼らのようなクリエイターは各国においてはまだマイノリティー的な存在ですが、彼らは自らが活躍することで自国の若者を鼓舞するという役割も担っています。

欧州デザインホテルで開催の展示会では播州織物で表現した生地を販売

欧米における「アフリカデザイン」の動き

アフリカのクリエイターは、多種の媒体を使って多様な活動をする人も多く、欧米ではデザインとアートが同様の文脈で発信されることも少なくありません。モロッコ人起業家のTouria El Glaouiが、２０１３年から年2回、ロンドンとニューヨークで開催している1:54 Contemporary African Art Fairでは、アートの展示販売だけでなく、アフリカの現代アート、写真、ファッション、オブジェ、家具デザイン、建築、都市論など多様な分野について討議が行われるフォーラムも同時開催されます。また、近年はニューヨークのアートデザイン美術館で、アフリカの近代アート、デザイン、工芸に焦点を当てたThe Global Africa Projectが、ドイツのヴィトラ美術館では、最新アフリカデザインをキュレーションしたMaking Africaの企画展示がありました。各々の展示カタログと、Gestalten出版のAfrica Risingは、アフリカデザインに関する良書です。

アフリカでの今後の挑戦

哲学的コンセプトUbuntuにインスパイアされた柄とゼブラ柄の和紙

私たちはブランドとして、アフリカデザインを流通させることで、そのユニークな視点や世界観を人々にもっと知ってもらいたいと願っています。そして、それに続く挑戦としては、もっとアフリカ大陸のクリエイターを巻込むこと、そして日本や世界のクリエイターにも、現地でアフリカデザインの世界を体験してもらうことです。

プロフィール

モザンビーク系南アフリカ人テキスタイルデザイナー、ムポ・ムエンダネと創業したブランド事業、Maki & Mpho（マキエンドムポ）代表。日本の消費財メーカーの海外展開支援や、アディダス直営店事業戦略・財務担当としての実務経験を経て、米国タフツ大学フレッチャースクールにて国際経営修士を取得後、起業。東京都主催のビジネスコンテストTokyo Startup Gateway 2015ファイナリストおよび2015年日本起業家賞・クリエイティブビジネスカップ賞受賞者。
企業名：Maki & Mpho
URL：http://www.makiandmpho.com

アフリカ発のイノベーションを世界へ

WBPF Consultants.LTD / CourieMate　代表取締役社長　伊藤　淳

コンサル・マサイ村での経験がアフリカ事業へ繋がる

大学卒業後、外資系コンサルティング会社に入社し、4年が経った頃、大怪我をしてしまい、2〜3カ月仕事から抜けることになりました。それが私がアフリカに関わる最初のきっかけでした。療養中に、一度きりの人生なら、やりたいことをもっとやったほうがいい。自分のためだけではなく、これまでお世話になった人や社会、人のためにつながることをやったほうがいいのではないかと考え、社内にあった社員の人材育成と社会貢献を目的とした海外ボランティアプログラムに応募しました。

その結果、たまたま、電気も水道もないサバンナの真ん中にあるアフリカ・ケニアの田舎、マサイ族の村に派遣されました。地元のマサイコミュニティに対して様々な活動を行う小さなNGOでした。そこで、NGOの経営改革・組織改革を担う事になりました。9か月の活動を通して、アフリカビジネス、特にアフリカ域内マーケットの課題が見えてきたのと同時に大きな秘めた可能性を感じる事になりました。

今後20年、30年、50年で世界は大きな時代の変化を迎えると思います。グローバルな社会課題は数多くありますが、その大半がアフリカ大陸に集約しており、一番深刻かつ課題への抵抗力もありません。だからこそ、アフリカから革新的な解決策が生まれる可能性があるのではないか、と思うようになりました。

帰国後、起業までには3年ほど悩みましたが、２０１３年末に9年弱勤めた会社を退職し、翌年1月よりウガンダに拠点を移し起業しました。プロの社会人を育てる人材育成事業（WBPF Training）やモノづくりのインキュベーションセンター（FabLab Kampala）の設立など、いくつか事業を行ってきましたが、２０１６年より宅配事業を中心に事業を行っています。

CourieMate スタッフ

誰もが、安心して宅配を利用できる社会の実現へ

現在（２０１７年2月）の事業の中心は、宅配事業です。昨年より、カンパラにて中小零細企業、個人向けのバイク便サービスを開始しました。まずは首都カンパラ市街の個別配送を中心に、各地方都市の運送業者とも連携し、ウガンダ全土（全１１３地域）への配送もカバーしております。配送するものは、書類、化粧品、スペアパーツ、オフィス文具など多岐に渡っており、また、オンラインショッ

ピングの商品配送、生鮮食品の買物代行、ギフト配送なども行っております。

バイク便事業は、初期投資も少なく気軽に始められる事から、外資系大手に加え内資の中小企業の参入もあり、競合も多い分野です。しかし、サービス品質にバラツキがあったり、融通が利かないサービスが原因で、活用されておらず、宅配の潜在需要が満たされていないのが現状です。ウガンダ・東アフリカにおいて、誰もが安心して便利に安くいつでもモノを送れる社会の実現に寄与したいと思っております。

商売のリスクは魅力となる

ウガンダで商売を行うリスクは、翻せば魅力に変わります。例えば、

・市場規模がまだまだ小さい。
だからこそ、我々のような個人資本でも事業参入する余地があります。

・事業を任せられる管理職が見つからない。
だからこそ、外国人である私たちの事業が必要とされています。

・電力、交通、法的なインフラが整っていない。
だからこそ、これまでの先進国が歩んだ道とは異なる新しいイノベーションの余地があります。

・行政手続きや法的手続き、銀行などの手続きが煩雑でルールがない。

だからこそ、グローバル大手にとっても手付かずなマーケットであるとも言えます。
そういったリスクは考え方によっては魅力に変わります。

アフリカ発のイノベーションを目指して

まずは、ウガンダ・東アフリカでの宅配を軸にしたサービスを浸透させ、お客様のニーズに応える事で、宅配を当たり前のものとして利用出来る社会を作りたいと思います。

CourieMate のバイク便

20～30年の長期の目標は、『グローバル社会に新たな一石を投じることのできる、アフリカ発の持続可能性のあるプラットフォーム／エコシステムを構築。世界に発信する事』です。いきなり、大きな事はできませんが、今は夢の実現のために、スキル・経験・資金力・組織・信用力などの土台を一歩ずつ積み重ねているところです。

プロフィール

1982 年神奈川県出身。2014 年 6 月、ウガンダにて人材育成事業 WBPF Training 創業。2016 年 5 月、ウガンダにてバイク便宅配事業 CourieMate 創業。法人顧客、個人顧客向けの宅配サービス、買物代行サービスなどを行う。大学卒業後、外資系コンサルティング会社に勤務。在職中の 2010 年にコーポレートボランティアとしてケニアの田舎町にて現地 NGO へのコンサルティング（9 か月）をきっかけにアフリカへ関心を持つ。日本では、社会起業家支援などにも従事していた。
企業名：WBPF Consultants.LTD / CourieMate
URL：www.couriemate.com
www.wbpftraining.com

僕がアフリカでNPOとビジネスをやる2つの訳

NPO法人AYINA副代表、株式会社 African Network 取締役
内藤俊輔

初めまして。まずこの本を読まれている方は、「アフリカに興味がある方」、「国際協力やビジネスに興味がある方」が多いのではないかなと思っております。

僕はアフリカで、NPOとビジネスの二足のわらじを履いて活動をしています。意外にこのパターンは珍しいので、なぜ、僕が両者をやり続けているのか？　を、超大きく分けて2つ、御紹介します。

其の1「アフリカの文化はとっても大事」

まず、僕がアフリカの1番好きなところは間違いなく文化です。文化というのは要するに人です。何が好きなのか？　例を挙げますね。

僕が青年海外協力隊として、ルワンダで活動をしていた際、体調不良で栄養を摂る為に、リンゴを毎日、市場で買うことにしました。市場のお姉さんとは世間話をするくらい仲良くなりました。ところが、ある日、リンゴの値段が急騰した為に買うことを止めました。僕は彼女と話したかったですが、リンゴを買わないので、勝手に気まずくなり、そのお店を通ら

ないようになりました。でもある日見つかってしまい、「なんで最近来てくれないの？」と言われてしまいました。

僕はリンゴを買わされないようにとっさに「ごめん、実はまだ体調が悪くて、お金が稼げないからリンゴ買えないんだ」と嘘の断り文句を言いました。

すると彼女は怒り出し「なんでそれを早く言ってくれないの⁉」と言い、売っていたリンゴの殆どを僕にくれようとしました。彼女のような市場で仕事をしている人たちは、その日の売り上げが明日の生活を左右するような暮らしをしているのに、会ってたった1ヶ月程の日本人に、そんな大事なリンゴをあげようとしたのです。

僕は思わず「そんな大事なリンゴ、受け取れないよ」と言いましたが、「いいの！　私は大丈夫！　あなたは私の友達でしょ！　体調が治って、お金を稼いだらまたリンゴを買ってね！」と彼女は言うのです。正直、僕の方が彼女よりも経済的には豊かなのは、お互いに分かっている事ですが、心は僕の数倍、いえ数十倍も豊かなのがアフリカ人なのです。

僕のアフリカの原点、ルワンダの仲間達

日本人を含め、急激な資本主義によって経済成長した国は、

僕の NPO とビジネスのパートナー、ゾマホン

こうした感覚を忘れてしまっているのだと僕は思うのです。

こういった文化を大切にしたいので、僕はＮＰＯ法人ＡＹＩＮＡという団体の副代表として、アフリカに日本人を連れて行き、アフリカ人と一緒に暮らしを共にする「アフリカホームステイ」を行ったり、日本国内でも文化交流を行えるイベント「African Friendship Party」を開催したりしています。

其の2「でもビジネスも出来ないといけないのです」

実は、僕はアフリカでビジネスをやるのは否定的でした。というのも、先述した文化こそが僕がアフリカの好きな理由だからです。でも文化的活動をしていて感じたのは、文化的活動もビジネスマインドがなければ持続・自立が出来ないという事でした。

僕が目指しているのは、アフリカ人の、アフリカ人による、アフリカらしい発展をして欲しいことです。リンカーンの言葉をちょっとだけ、パクりました。

今は資本主義社会。おかしな方向に進みつつあると思いつつも、最低限、自分たちでお金を生み出し、回す力が彼らには必要です。それを僕がただ伝えるだけでは、説得力がありません。その為に現在は、日本人は僕だけ。あとは全員アフリカ人の会社の取締役として、彼らと一緒にビジネスもしています。

まとめ「まずはアフリカの文化（人）に触れて欲しい」

アフリカには、日本人が抱くネガティブなイメージ、貧困、危険、怖い、病気、などがあります。これもアフリカの一面ではありますが、反面、ポジティブなイメージも沢山あるんです。それを僕は、日本の皆さんには知って欲しいと思っていますし、根本を辿ると、そのネガティブなイメージは、間接的に我々によって作り出されているという事も分かってきます。アフリカが抱える問題と、彼らの持つ可能性は、世界の問題でもあり、可能性でもあると思うんです。アフリカ人に触れ、文化交流をする事で、彼らの持つポテンシャルと、温かさに気づき、彼らと一緒に課題を解決したい！そう思えるような未来を作っていけたらと、僕は思っています。

昨年末に開催された第３回アフリカホームステイの様子

プロフィール

1986 年、青森県出身。中学校時代に父親が癌で死去。東証 1 部上場企業営業部に就職するも、お金を稼ぐだけの仕事に疑問を持ち退職。
夢をアフリカに託し、青年海外協力隊でルワンダへ。ルワンダで運命的なアフリカ人パートナーと出会い、彼が代表を務める NPO 法人 AYINA 副代表と、株式会社 African Network の取締役として、NPO とビジネス二足のわらじを履きながら活動中。
法人名：NPO 法人 AYINA
URL：http://ayina.org/

忘れられた国ブルンジに生きる

Burundi Japan Friendship　代表　ドゥサベ友香

アフリカに導かれて

私は小学6年生のときに、南アフリカで働いていた叔母を訪ねました。明るい人々や、雄大な自然に魅了された一方で、あまりに大きな格差を目の当たりにし、大変な衝撃を受けました。「こんな世界は嫌だ」との思いから、将来はアフリカに住み、特に底辺にいる人々のために働くことを決めました。

そしてブルンジへ

進路を模索するため、大学4年生のときにブルンジでのボランティアに参加しました。ブルンジは、独立以来政治抗争が絶えず、虐殺や1993年からの紛争により、50万人以上が犠牲になりました。長く続いた紛争による政治・経済的基盤の荒廃に加え、人口増加と難民の帰還、それによる耕作面積の縮小、気候変動などにより、世界で最も飢餓と貧困が深刻です。更に、2015年には、憲法に規定された任期を超過して現職大統領が立候補を強行し、再び混乱に陥り、経済制裁によって人々の暮らしも急激に苦しくなりました。

ブルンジに滞在し、著しい経済成長を遂げている他のアフリカ諸国の影で忘れられている国にこそ貢献したいという思いに至りました。加えて、親切で礼儀正しく、勤労・勤勉なブルンジ人の人柄に惹かれたこと、また、ブルンジ人と結婚したこともあり、２０１６年に移住しました。

Burundi Japan Friendshipの活動

初めてのブルンジ滞在中に、後の夫ら地元大学生と共に、交流や「ブルンジ人自身によるブルンジ人のための活動」への支援を目的として、Burundi Japan Friendship（以下ＢＪＦ）と称して、次の３つの柱で活動を開始しました。

①農家が収入を得るためのビジネス

手作業にてモリンガ石けんを製造中

・モリンガ石けん製造・販売事業

従来チビトケ県の地元市場向けにシンプルな石けんを製造・販売していた組織と協働し、新たにモリンガの葉を材料とした石けんの製造と、首都での販売を試みています。ブルンジは多額の貿易赤字を抱えており、また、失業率が非常に高く、中には武装勢力にリクルートされる若者もいるため、製造業育成と平和の定着も大きな目標としています。

生産者組合 Dukorereikawa のコーヒー豆

・コーヒーの紹介

Murambi という会社と Dukorereikawa という組合の生豆を日本のバイヤーに紹介しています。前者はカップオブエクセレンスにて11位入賞の経歴を持ち、後者も86・5点という好成績を収めています。最高品質のブルンジコーヒーが日本にも流通するよう、今後も営業を続けていきます。

・サイザル麻バスケットの販売

繊細に編み込まれたサイザル麻のバスケットのバイヤーを日本で探しています。バスケットを作成するのはごく普通の女性ですので、販路を拡大することで、特殊な技能を持っていない人たちの収入を向上させることができます。

②より深い協力関係を築くための交流

市民レベルでのブルンジ―日本の交流を計りたいとの思いから、エイズ孤児であり、自らもＨＩＶに感染している子供たちに絵を描いてもらい、日本のＮＧＯなどの協力で広島や大阪での展覧会に出展しました。

③ブルンジの人が発展に参加するためのサポート

前述の展覧会にて、絵を販売し、売り上げ金で子供たちのノートなど購入してきました。

また、ブルンジ大学の図書館へ、約80冊の英語の学術書を寄贈しました。未来ある若者たちが少しでもその可能性を伸ばせるよう、引き続き日本で学術書を収集します。

これからもブルンジで生きる

今後も、ブルンジ人自身がブルンジのために最大限働くことができるよう、微力ながら応援していきたいと思っています。特に、本来は国の発展に貢献するはずの高等教育を受けた大多数の若者を吸収する職があまりに少ないという非常に深刻な問題に立ち向かっていきたいです。そのために、BJFとして雇用を拡大するような事業を進めていきたいですし、日本企業の皆様にも、ブルンジの開発課題の解決に貢献するような部門でビジネスを始めて頂きたいと切に願っています。私が何かお力になれることがありましたらいつでもご連絡下さい。皆様が、美しい国ブルンジへいらっしゃる日を心より楽しみにしております。

サイザル麻のバスケット

プロフィール

1989年、愛知県出身。神戸大学大学院国際協力研究科修了（経済学）。開発コンサルタント会社勤務。大学4年生だった2011年にボランティアとしてブルンジに滞在し、優しいブルンジ人の人柄に惹かれる。滞在中に、現在の夫ら地元大学生と共にBurundi Japan Friendshipと称して交流事業や地元組織への支援活動を開始。以来、幾度か当地を訪れ、ブルンジ人と結婚、2016年に移住。現在は1人娘の育児奮闘中。
団体名：Burundi Japan Friendship（任意団体）
FB：https://www.facebook.com/FriendsWithBurundiProject/

日本とアフリカを笑顔で繋ぐシアバター

アフリカ工房　前田眞澄

現在、私はアフリカ工房でシアバターという保湿クリームの製造販売をしています。アフリカへの興味は中学生の頃から。町でみかける「黒人」になぜか興味深々。でも、あまりの違いに、「彼らと友達にはなれても、きっと心の底から解り合えることはないだろう」と思っていたのでした。それでもアフリカへの興味は尽きず、ある時、写真家の板垣真理子さんの写真集に出会いました。彼女の撮るカラフルで弾けるようなアフリカの人々のエネルギーに魅了され、いつか「私もアフリカに行きたい！」と思うようになりました。

20歳の時、縁あってガーナ大学に入学することになり、宗教学（イスラム教）と音楽を学びました。初めてのガーナはとにかく新鮮でした。英語の授業に戸惑い、またトロトロと呼ばれる乗合バスの乗り方から、バンクーというとうもろこしを発酵させたすっぱい主食の食べ方まで、とにかく乾いたスポンジに水が染み込んでいくかのように、ガーナの文化を丸ごと吸収していきました。沢山の仲間に支えられ充実した学生生活が「肌の色が違っても、人間は心の底から解りあえることができるんだ」と私に教えてくれました。

帰国後、ＪＩＣＡ青年海外協力隊に参加。村落開発普及員として再びガーナの地を踏みました。派遣先は首都から車で12時間以上離れた北部の村。イスラム教徒が多数を占める北部は、キリスト教徒の多い南部とは文化も異なりました。早速、村で女性達に困っていることを聞いてみると、学校に行くお金がない、病院がない、乾季に水がない等の問題があがり、現金収入を得るために何か方法はないかと考えました。女性達の得意なことを聞いてみると、皆口々に、「シアバター作り、シアバター作り」というのです。調べてみると、なんとヨーロッパでは化粧品の原料として人気のある素材。

学生時代ルームメイトと

そこで、女性達と共にシアバターを使った石けん作りを行い、現地のおみやげ屋さん等で置いてもらいました。それでも、所詮はビジネスの素人が始めた事。軌道に乗せるまでには至りませんでした。

そんな心残りもあり、帰国後会社勤めを経験した後に、ガーナで出会った同じ協力隊だった夫と一緒に２００８年、アフリカ工房を立ち上げました。協力隊の時に関わった村から直接シアバターを仕入れ、日本で丁寧に濾過、検

協力隊時代生産者と共に

査を行い、化粧品として製造販売をしています。現地で品質のばらつきをなくすために、全てのシアバターを生産者毎に毎回検査をし、フィードバックを行い、品質の向上に努めてきました。夫も分析化学の専門学校に通い、シアバターの研究も行いました。

　シアバターを愛用してくれる日本のお客様も地道に増えてきました。「かかとのひび割れがきれいになった」「手荒れが良くなった」「アトピー肌の子供の保湿にすごく良かった」「お肌の調子が良いです」等の嬉しいお声を頂き、シアバターの持つ可能性をお客様から教えてもらっています。

　また、自分自身、肌の弱い娘にシアバターでマッサージをする中で、「手で触れる」という行為が、癒しであり親子の絆が生まれることを発見しました。そんな時、同じ想いを持ったサロン経営者の方と出会えました。マッサージを通じた癒しや人との絆づくりにシアバターを使って頂けるようになり、出会いの不思議さとご縁を感じました。

　ガーナの村でも年々、シアバターの購入量が増え、私達が市場の2倍の価格でシアバターを購入することで、女性達にも満足のいく利益がもたらされ、少しは役に立てるようになってきました。何よりも、ここまで来られたのは村の生産者達との信頼関係があったからこそ。日本、ガーナと離れている分、誤解も生まれ、電話でけんかをしたり、実際に村を訪れた時に涙を流したりした事も……。それでも、腹を割って話をすることでお互いの気持ちを理解し、気持ちが通じる瞬間が何度も生まれるようになりました。

アフリカ工房商品

近年ガーナの村にも近代化の波が押し寄せ、土地が切り売りされ、次々にシアの木が切られています。ガーナの大切な資源や、伝統を守りながら村が幸せになる方法をガーナの人と一緒に考えていきたいと思っています。

まだまだ課題は多いのですが、日本とアフリカを笑顔で繋ぐシアバターをこれからも作っていきたいです。

プロフィール

山形県鶴岡市出身。中学生の時に上京し、自由学園に入学、寮生活を送る。卒業後ガーナ大学に入学。その後青年海外協力隊に参加し、村落開発普及員としてガーナ北部の村に派遣される。帰国後アフリカ工房を立ち上げ、オーナーとして、シアバターの輸入、化粧品の製造販売を行う。
企業名：アフリカ工房
URL：http://www.africakobo.com

シングル子連れで起業 in Rwanda

Life Style Rwanda Ltd.　Managing Director　唐渡千紗

「なぜルワンダに？　しかもシングル子連れで⁉」

このご質問をいただくことがとても多いです。私自身は、かねてからアフリカ移住を考えていたわけでも、ルワンダでのビジネスに照準を絞っていたわけでも、実はありません。それよりは、日本で子育てをしながら働き続ける環境が窮屈で、その突破口を探していたから、という方が近いのが実際のところです。

２０１４年、30歳の誕生日に、ルワンダで暮らす友人を訪ねました。その時に感じた、「今まで自分が見てきた世界は、先入観と常識のフィルターを通した、世界のほんのごくごく一部分なんだ…！」という衝撃が、ルワンダ移住を躊躇なく即決させました。生きていく世界を変えてみようと、自然と思いました。

アフリカと言っても、国ごとに発展度も文化も全然違います。ルワンダは、治安がとても良く、街はきれいで、まだまだ貧しいものの、私の思い込んでいたような「飢え」はなく、千の丘の国という呼び名の通り、緑の丘陵地帯のとても美しい国でした。

その頃日本では「アフリカに行く」と言うと、「エボラ危険地帯に行くの⁉」というリアクションしか返ってこなかったものですが……。それも、アフリカ諸国それぞれがアフリカという一括りにされている典型例かと思います。

もう一つ、ルワンダに惹かれた理由は「若さ」です。それは言ってしまうと陳腐ですが、「可能性」「のびしろ」とも言い換えられます。

移住前は、日々日本の労働マーケットに向き合っていました。迫りくる労働力の枯渇にどう向き合うか、シニア活用に女性活用、などなど。

店内にて

転じてルワンダで見た光景は、とにかく一日中、何もせず道端に座り込んでいる大人たち。わんさか寄ってくる子どもたち。1994年にいきなり始まってもう終わったわけではない、二つの民族の背景も相まって、仕事のなさ、子どもの多さが、その未来に可能性と危うさを映し出しており、この国で暮らす以上、向き合っていきたい事実の一つだと感じています。

さて、2015年8月に移住してから、私が取り組んだことは「タイ料理屋〝Asian Kitchen〟のオープン」です。

なぜタイ料理屋なのか？　これにはいろいろありますが、決め手は、マーケットがあったのにプレイヤーがいなかったから、です。なるほどプレイヤーいない訳だ、と後から合点がいったような難点（特に食材調達、現地スタッフへの指導）は確かにありましたが、逆にそれを構築すれば、キガリ唯一無二の飲食店になれるハズ！　ということで日々奮闘しています。

日本で飲食店経営をしたことはもちろんありませんが、前提や常識が全く通用しないここルワンダでは、逆に良かったかもしれません。

レストラン Asian Kitchen のスタッフと

お客様もルワンダ人だけではなく、主に外国人の方が多いので、メニューを見ずにオーダーをいただくことや、ベジタリアン対応、ハラル対応など、なかなか型通りにはいかないことが多いです。

私以外はすべてルワンダ人スタッフで、飲食店で食事をした経験すらないような若者たちを雇用して、日本で当たり前とされているサービスレベルに、少しでも近いものを提供していきたい。（ちなみにルワンダでは、コーヒー一杯に40分待たされたりすることもざらです）

スタッフが、援助されるのではなく、働いて、スキルをためて、自分のフィールドをもち、自活の力をつけていくこと。今はまだまだ小さな一軒のレストランですが、今後も他の方面にも事業を広げていきたいと考えています。

子育でも、良い点が多いです。
・当然英語教育（学校は全部英語、友達も自然と多くが外国人になるので、コミュニケーションは全部英語）
・街中子どもに優しい（というか、子どもだらけなので、子連れだから周りに気を遣う、といったようなシチュエーションがとても少ない）
・ナニーさん、お手伝いさんの月謝が日本と比べ物にならないほど安い（仕事の合間での少ない時間を家事に割かなくて良いので、息子との時間に充てられる）
自分に関わってくれる大人・友達にいろんな人がいて、みなが従うべき前提や決まりが圧倒的に少ない環境で、息子ものびのび暮らしています。

息子の学校にて

プロフィール

1984 年生。幼少期は神戸で育ち、その後東京へ。早稲田大学法学部卒。2008 年に新卒で株式会社リクルート（当時）に入社。人材事業分野で営業職、企画職を経て 2015 年退職、当時 5 歳の息子と二人でルワンダへ移住。首都キガリにてタイレストランを経営。
企業名：Life Style Rwanda Ltd.
FB：@asiankitchinkigali

ジンクス通りのアフリカ人生

一般社団法人アフリカ協会　副理事長　浅野昌宏

「アフリカの水を飲んだものは、アフリカに帰る」というジンクスがあります。１９６９年に総合商社に入り、最初にアフリカ大陸に足を踏み入れたのは、72年3月、まだポルトガルの海外県だった頃のアンゴラでした。アンゴラとモザンビークに衛星通信の地上局を建設する計画があり、まずはリスボンに飛び、ポルトガル・海外省と打合せを行いました。その折りに、リスボンの保険業者と工事保険を打合せたあと、一階の資料展示室を見せてもらいました。そこには、同社の歴史的資料が展示してあり、「これがわが社の最古の保険証券だ」と言って見せられたものは、１６１０年の証券で、対象物件は「奴隷」、出港地はアフリカ西海岸の港でした。この人たちは、アフリカ人の命を商品として、保険の商売を何百年も続けていたのです。戦いに負けた方が奴隷として売られた歴史は多々ありましたが、ここでは商売の為に奴隷狩りをして、保険をかけて運んでいたわけで、アフリカの苦難が伺えるものでした。

翌朝、リスボンからポルトガル航空でアンゴラに向かいます。私が最初にアフリカの地を踏んだのはルアンダで、とても美しい街でした。ニースやコパカバーナのような内側彎曲景の素晴らしい海岸線を持つ街で、ポルトガル人が拠点としたことも頷けました。この後75年には独立することになりますが、この時既に、民族解放戦線が独立の動きを始めており、地方の治安状況は悪くなっていました。

私は入社以来、アフリカ・中東各国の通信省、郵電公社や情報省向けに、通信設備や放送設備を建設する仕事をやって来ました。その間に家族を伴って駐在したのは、トリポリ4年、アブダビ3年、ナイロビ4年で、出張期間も入れれば、半分はアフリカ大陸とその周辺で過ごしたことになります。しかし、その後しばらくアフリカから離れ、9年間のブランクの後、ケニア駐在時代の堀内伸介大使より誘われて、再びアフリカに関わることになりました。この間に、アフリカの状況はすっかり変わっていました。90年代末には、それなりの実績があった企業でも、日本が長い不況のトンネルから抜け出せずに、選択と集中やアジア・シフトをせまられて、アフリカから撤退してしまっていたのです。

1972 年ポルトガル領アンゴラ　ルアンダの海岸通り

TICAD VI 政策提言を岸田外務大臣に提出（右端が筆者）

自分自身のブランクを埋めると共に、日本企業の実情を知りたいと思い、20の企業・団体のアフリカ関係者を訪問して、アフリカに対する問題点をヒアリングしました。その結果をレポートにして「アフリカは魅力ある市場か」を、アフリカ協会機関紙「アフリカ」の２０１２年春号と夏号の２度に別けて掲載しました。この中で分かったことは、依然としてアフリカリスクはあるものの、知恵と工夫でリスクを乗り越えてやっている企業もあると言うことでした。そしてTICAD VIの頃から、日本企業のアフリカに対する理解が変わってきたと感じています。一つは経済環境の要因で、アジアの成長にも陰りが出てきて、アフリカに目が向くようになったことと、もう一つはアフリカ側の要因で、多くの国・地域で、独立後、政権争いや部族紛争が続きましたが、その要因が減りつつあり、ビジネスリスクが低くなってきたことです。

現在、私の所属するアフリカ協会は１９６０年に、外務省所管の社団法人として発足しました。57年にガーナが独立して、60年には17国が独立するという時期で、アフリカとは何か、アフリカを知ろうということで政界、財界、学会、言論界などの有力者が発起人となり設立されたものです。設立当初は、ＮＰＯ的な活動もやっておりましたが、現在は、機関誌「アフリカ」の発行、レセプションの開催、フォーラムの開催、「月刊アフリカニュース」の配信、年十数回の「大使を囲む懇談会」や「在京アフリカ大使との懇談会」の開催、若手アフリカ研究者の為の懸賞論文の募集、初心者向け「アフリカ基礎講座」の開催、文化社会講座「アフリカから学ぶ」の開催、「服部禮次郎アフリカ基金」と「サブサハラ・アフリカ奨学基金」の運営などを行っています。

「アフリカの水を飲んだもの」として、これからも精一杯、日本の若い方々と一緒に、発展するアフリカに関わって行きたいと思っています。

アフリカ協会・在京ケニア大使との懇談会

プロフィール

1947年、富山県出身。69年芝浦工業大学電子工学科卒、同年、丸紅飯田（株）（現丸紅）入社、リビア通信工事事務所長、アブダビ通信工事事務所長、ナイロビ支店長、（株）、丸紅ネットワークシステムズ（株）社長、他ケーブルテレビ2社の社長を歴任、2014年より一般社団法人アフリカ協会副理事長（現職）2016年飯田グループホールディングス（株）社外取締役（現職）。

法人名：一般社団法人アフリカ協会

URL：http://www.africasociety.or.jp

アフリカ・スーダンとの出逢い

レキオ・パワー・テクノロジー株式会社　松尾泰介

「アフリカ」「スーダン」と聞いて皆さんは何をイメージするでしょうか？　私のアフリカとの出会いは、２０１４年に青年海外協力隊としてスーダンに赴任したのが初めてでした。それまで「アフリカ」と聞くと、植村直己のキリマンジャロ単独登頂の様子を小説からイメージしていた程度で、肉が食いたきゃ狩りに行き、赤道直下のムンムンな日差しを全身に受け、夜は陳腐なクラブで酒を飲むという世界を想像していました。現実はもっと近代的でしたが、そんなアフリカ初心者の私ですが、スーダン・カッサラ州に2年間住んだ経験、現在のアフリカ営業マンとしての経験で知った魅力を少しお伝えしたいと思います。

「なぜアフリカ？　なぜスーダン？」

生活は不便、言葉も通じない、治安も危ない。スーダンは経済制裁の対象国でもあり、テロ支援国家にも指定されています。メディアはそんなレッテルを貼り、スーダンの負の面ばかり伝え、正直、印象の良い国ではありません。

しかし、そんな「恐ろしい国」に、日本はボランティアを派遣していたのです。欧米人の入れない未開の地に、日本人なら入れる。世界中を探しても、こんな珍しい国はスーダンしかないと感じました。

二年間住んだ感じは、治安は東京より安全でした。深夜一人でふらっと散歩もできます。お金が無くても買い物ができ、外に出ると見知らぬ人でもお茶に誘われます。道に迷ったら車で送ってもらい、そのまま食事を共にし、道端の木陰でお昼寝。どこに向かっていたのか、忘れてしまう程、皆優しくリラックスしています。

そんな国民の近隣感覚、結びつき強いコミュニティが、人の暖かさや、治安に繋がっているのだと感じます。時間をかけて信頼関係を築けば、競争が少なく、のんびり、案外平和な環境で、自分の知恵と力で挑めるのも、アフリカ・スーダンの魅力だと感じます。

隊員時代の大親友とスーダン民族衣装

「スーダンで抱いた疑問」

私が勤務していたカッサラ州は、日本の援助によって水道が整備され、最新の日本製機材が導入されていました。しかしコレラの発生する雨期になり、突然、施設が壊れ塩素を投入できないと大問題になり

「とりあえずお茶」がスーダン人の口癖

ました。

ハイテクな日本製のシステムが仇となったのでしょう。細かなメンテナンスが必要なのにも関わらず、消耗品はアフリカでは調達できず、何十ものパーツを日本に発注する必要がありました。

そんな作業ができる分けが無く、精密機器であってもお構いなし、近所の自動車工が分解し溶接で直そうとします。結果、消耗品の交換で済んだ問題も、大掛かりな改修工事が必要になり、また日本に援助を要請するのです。数千万する設備が……と切なくなりましたが、その施設が現場に即していないという現実を間近にし、国際協力について考えさせられる事件でした。

「レキオとの出会い」

そんな疑問を抱いていた頃、首都ハルツームで河村社長と出会いました。レキオは、特許の切れた技術を用いて、途上国のニーズに特化した「ジェネリック医療機器」を日本で開発・製造しています。今は超音波診断装置（エコー）を、スーダンはじめアフリカ向けに安価で販売しています。元々スーダン保健省の要望を基に開発した製品で、どこでも手に入るwindows PCで稼働しメンテナンスフリー。現場の理想が全部詰まった製品でした。これは凄く面白い！　とワクワクしながら話しを聞いていると、「信頼関係を築き、現場のニーズをこと細かく聞くのが仕事。それを実現させる技術は必ず日本にある」、「お金は無いけど常に勃起できる仕事」。日本人として世界に貢献できる仕事をしたいと思っていた私、勃起不全になりかけていた私にとって、魅力的な事業でした。

現在は、アフリカはじめ中南米でも営業しますが、やはり精密なハイテク機器より、シンプルで卓越したアナログ技術の方が圧倒的に求めていると日々実感しています。また、そんなアナログ技術が日本から消え去ろうとしているのも問題です。日本の技術を使って伝承させるのも、アフリカでビジネスをする理由の一だと感じます。私はまだまだアフリカ初心者ですが、これからも皆さんと一緒にアフリカを盛り上げて行けたら嬉しいです。

ナイジェリアの代理店社員と

プロフィール

大学時代、カリフォルニアでメキシコ人に寿司の握り方を教わりながら生活費を稼ぎ、超円高の恩恵を受け学費と家賃を払い終え卒業。卒業後、外資IT系企業でインド流ビジネスを学ぶ。その後、青年海外協力隊に参加、スーダンで２年間奮闘。スーダンでのふとした出会いから、レキオに入社。営業として先進国以外を担当。沖縄県在住。趣味：密造酒、素潜り、ダイビング。
企業名：レキオ・パワー・テクノロジー株式会社
URL：http://lequiopower.com

情熱と理解者

RWAMITTU LTD.　Managing Director　木下一穂

「トマトさん(私のあだ名)の感情だけじゃなくて、会社として必要かどうかで考えてみたら。」会社設立当初、問題が起こるたびに愚痴をこぼしていた私に、協力隊の方から頂いた言葉です。会社の経営なんて全く分からず、たまにYouTubeでマネーの虎を見て勉強していた程度の私にとって、この言葉は判断を迫られたときに使う一つの指標になっております。おかげさまで今も会社を続けられています。

ルワンダで会社を始めてから2年が経とうとしています。東部県ニャガタレ郡カランガジで10名の従業員と共に、「ルワンダ産の良質な原料を用いた食品を提供して健康的な生活を願う」というビジョンを掲げ、養蜂、農業、食品加工業を営んでいます。

ルワンダが好きだから、ビジネスチャンスがあるから、といった理由ではなく、単に面白そう、挑戦したいという感情にまかせて始めた会社ですが、変わらない思いと応援してくれている人たちが今の自分を支えています。

とは言え、「世の中全てのことが無意味じゃないのか?」という問いに憑りつかれた時期があります。会社設立から半年後のことです。生きる意味をネットで検索したり、「何で人は生きようとするのかな？」と会う人に聞いてみたりしましたが、納得できない答えばかりでした。

一か月後、とある飲み会に参加した時、ダメもとで友人に「生きる意味って何だと思う？」と聞いてみると、「人生の伴侶を見つければ」と言われました。その時はまたつまんないことを言っているなと思いましたが、続けて「私もそのループにハマったことあるけど、人との絆が薄れてきたときに考えちゃうことだと思う」という考えを聞いて、腑に落ちました。

手探りの中設計して建てた工場

おそらくその頃の私は、現時点では答えようのない問いを考えることで、しんどい状況から逃れようとしていたのだと思います。もしかすると軽い心の病気になっていたのかもしれません。今は遠い未来への不安に怯えることなく、近い未来に対し少しでも発展に寄与したい、その思いにより情熱を失わず前に進めています。

情熱を取り戻せたのは、一緒に働いてくれる従業員や応援してくれる人たち、協力してくれる仕事関係者がいたからです。私は社長なので会社の利益を考えることはもちろんですが、彼らの立場についても考慮するよう気をつけています。

会社は、自分だけでは存続できないからです。特に設立当初からの従業員であるキデンデとダイセンガに助けられてここまで来ました。文字通り「同じ釜の飯を食いながら」3人で共同生活をしています。

彼らは自分の本音を明かせる数少ないルワンダ人です。心から信頼できる彼らがいたからこそルワンダ人のことを嫌いにならなかったですし、カランガジに溶け込むことができました。今ではカランガジを歩いていれば子供から大人まで「トマト」と声を掛けてくれます。

購入した 2ha の農場

また、設立して1年半後、取り組むべき業務が膨らんできました。具体的には、会計処理、車両の権利トラブル、製品の配合見直し、パッケージの変更、販促グッズの作成、スーパーフードの調査等々。私が工場と農場を見ながら片手間でできる業務ではありません。協力隊の後輩である古岡さんに頼み込んだ末、期間限定で手伝っていただくことができました。手伝っていただいて3か月、8割方前述の業務を処理していただきました。古岡さんは現地語で弁護士とやり取りできるほど語学が堪能ですが、業務で関わる人たちと円滑に仕事を進めていけること、未経験の業務でも調べ上げて取り組む責任感をもっている方なので安心して仕事を任すことができたし、尊敬しています。浦和レッズに在籍していたエメルソンのような、まさに最強の助っ人です。文字に表せないほど多くの事に貢献していただきました。

私にとってRWAMITTU LTD.は気の合う仲間と夢を語り合い、形にしていく大切な場所なので、簡単に投げ出すつもりはありません。そして、会社の発展と共にキデンデとダイセンガにも幸せになってもらいたい。

当社を支えてくれる従業員

斬新な発想を持って、食品を提供しているルワンダ人の起業家もどんどん増えてきています。彼らに負けないよう、世界のトレンドを取り入れながらも地域に根付いた食品会社になるよう、慢心せず邁進していきます。

プロフィール

東京都出身、明治大学農学部卒業後、民間企業を経て、青年海外協力隊としてルワンダ共和国カヨンザ郡庁へ派遣される。主な活動は、ビニールハウスを用いたトマト栽培と販売支援、養豚コーペラティブの設立、ストリートチルドレン施設の農場で栄養改善のためのキノコプロジェクトに参加。

任期終了後、再びルワンダ共和国へ戻り、食品会社を設立する。

協力隊終了後から会社設立までの1か月半を除き、30代はルワンダ共和国で過ごす。

企業名：RWAMITTU LTD.

URL：http://rwamittu.com

ラストフロンティアアフリカ―植民地主義とチャンス―

社団法人アフリカ開発協会事務局次長／早稲田大学招聘研究員　佐藤正幸

今まだ続く植民地主義

筆者のアフリカとの付き合いは、いよいよ10年を向かえようとしています。植民地主義とアフリカがすぐに頭の中で結びつく方も多いと思いますが、アフリカでは「植民地主義の終焉」という言葉こそ教科書でしかお目にかかれない言葉だと感じています。そもそも植民地主義のルーツは16世紀半ばの重商主義にさかのぼれるのですが、重商主義の基本コンセプトは「貿易を通じて蓄積した金を富とする」という考え方であり、この重商主義が列強による植民地争奪を後押ししたといっても過言ではありません。結果として列強各国は「金」を得やすい工業振興策を優先し、農業が次第に置き去りにされていくこととなりました。工業振興策を優先した列強の工業資源供給地として期待されたのが植民地でした。植民地は工業資源の供給地としての性格もさることながら、工業振興策で後退した欧米列強の農業生産力も補うための役割も期待されたわけです。こうした背景からアフリカをはじめとする植民地では、それまで存在していた経済からモノカルチャー経済へと再編成が行われ「宗主国に資源を貢ぐ」という体制が構築されていったのです。

そして1960年代。多くのアフリカの国々が独立を果たすことになるのですが、宗主国がどこの国だったかでその明暗は分かれたと言っても過言ではありません。筆者が経営に参画する会社は西アフリカにあるのですが、西アフリカの多くの国はフランスの植民地を経験しています。公用語はいまだにフランス語を使用し、通貨はCFAフラン（セーファーフラン）といって植民地時代と同じ通貨単位を使用しています（2015年現在で西アフリカ、中部アフリカの14カ国で流通）。さらには、西アフリカ諸国の多くでフランス軍がいまだに駐留しているという現実も存在します（西アフリカではニジェール、マリ、コートジボワール、セネガル、モーリタニア等に駐屯）。政府の顧問にフランス人がつくということも珍しい話ではないし、そもそもこのCFAフランの語源自体"Colonies françaises d'Afrique"（フランスのアフリカ植民地）の意でありそのフランスの執念

タンザニア前大統領キクウェテ氏と

ケニア商工会議所の皆さんと

を感じます。

アフリカで植民地が継続しているという理由はこれだけではありません。最も象徴的なのは、アフリカ諸国が独立直後からフランスに対して支払っている植民地税です。この事実はアフリカ出身のMawuna Remarque KOUTONINという平和活動家が明らかにしました。この植民地税は植民地時代にフランスが建設したインフラに対して支払うというものであり、さらにはベナン、ブルキナファソ、ギニアビサウ、アイボリーコースト、マリ、ニジェールなど14カ国がフランスの中央銀行に自国の預金を預けることを強要されているというのです。その総額については明らかになっていませんが、独立後も悲惨な搾取が続いているという現状は確かに存在します。

なぜフランスはこんな搾取を続けるのでしょうか。フランス第22代大統領ジャック・シラクはこんな言葉を残しています。

"Without Africa, France will slide down into the rank of a third [world] power"

植民地はアフリカで今も続く現実であることを忘れてはならないと思います。

しかし、こうした現実があるからこそ、多くのアフリカの諸国は日本からの投資や日本とビジネスを行うことを心待ちにしているとも言えます。筆者が初めてアフリカに渡った2008年頃はアフリカで中国の台頭は著しいものがありました。ところが今では様々な国の大使や要人とお話しをしていても、中国の作るインフラは脆弱であり、中長期で見れば日本のインフラや製品の方が高い優位性を持っていることに気付きつつあります。素早い意思決定と大規模な投資の中国と、意思決定は慎重でも決めたら納期を必ず守り、信頼性の高い強靭なモノを作る日本で役割分担をすればいいと考えます。それぞれのよいところを持ち寄ってアフリカと共に歩んでいけばよいのではないかと思います。

課題はチャンス!

アフリカの面白さは一言で言い表せませんが、何もない広いキャンパスの上に絵を描いていくダイナミズムだと思います。筆者が現在プロジェクトで携わっている南部アフリカでは6億人が未だに無電化地域で生活をしています。

また現在、アフリカでは急速な都市化が進行しており、2035年には都市部の人口と地方部の人口が逆転するという予測もあります。都市化に伴って、交通渋滞はますます悪化し、環境問題やインフラ開発でも課題を抱えることになります。人口が空洞化した地方部では、農業生産量が落ち自給率の悪化なども心配されています。

こうした課題を「インフラの未整備」や「発展途上」という言葉で片付けない、図太さとメンタリティが日本勢にチャンスを与えることになると思います。

＊尚、当文章の内容は執筆者個人の見解であり、所属機関の公式見解を示すものではありません。

第六回アフリカ開発会議（TICAD Ⅵ）外務省公式サイドイベント Young African and Nihon Innovators EXPO(YANIE)

プロフィール

1987 年 3 月 31 日生まれ。一般社団法人アフリカ開発協会事務局次長。早稲田大学国際戦略研究所招聘研究員。第六回アフリカ開発会議（TICAD Ⅵ）外務省公式サイドイベント Young African and Nihon Innovators EXPO(YANIE) 事務総長。自身でもアフリカビジネスを手掛ける。早稲田大学商学部を卒業後、国際石油開発帝石株式会社（海外原油の販売や国際情勢の分析等に従事）を経て現職。趣味はヨットと乗馬。
法人名：一般社団法人アフリカ開発協会
URL：http://www.afreco.jp/

私のアフリカ草の根外交

NPO法人まちのつながり推進室代表理事、狭山市議会議員　矢馳一郎

私とアフリカの出会いは、在モザンビーク日本国大使館に2008年4月から2010年5月まで領事・警備担当の理事官として派遣されたことでした。着任時、飛行機が首都マプトの上空に到着し、機内から街並みを見下ろした時に、広がる赤や黄色の大地を見て「何かに挑戦するんだ」という気持ちに強くさせられました。また、街中の喧騒はエネルギーに満ち溢れ、陽気に話しかけてくる現地の方々と交わすコミュニケーションから感じる高揚感は、民族性の違いこそあれ、戦後間もなくから高度成長期の成長著しかった我が国でも、感じることのできたものなのではと想像しました。

そんなアフリカ生活も任期の終了とともに終わりをつげ、本邦に帰国後、一年の充電期間を経て、私は郷土である埼玉県狭山市の市議会議員となりました。

私が議員としてモットーとしているのは「自分のキャリアや経験を活かして、故郷のために働く」ということであり、当然、それにはアフリカでの生活や勤務経験も含まれます。議員になった後、何度かアフリカへ渡航し、現地の方々と交流したり、政府関係者と懇談させ

ていただく中でさまざまなご縁をいただき、２０１５年に狭山市で「アフリカンフェア in Sayama」を開催させていただく運びとなりました。これには駐日ベナン大使館や同エチオピア大使館の多大なるご協力をいただきました。都内はじめ大都市ではアフリカ文化を紹介するイベントは定期的に開催されていますが、狭山市のような地方都市では珍しいイベントと言えると思います。多くの市民とアフリカの料理、音楽などを堪能しました。さらに２０１６年には駐日ブルキナファソ大使館や同モザンビーク大使館にもご協力をいただけることとなり、当地特産の狭山茶の淹れ方の大会で優勝した小学生たちが、来場したアフリカ各国の外交官に振る舞い、それに対してエチオピア大使館からコーヒーセレモニーによるおもてなしがおこなわれました。

モザンビーク赴任時の子どもとの交流

これをきっかけとして、狭山市とブルキナファソの小学校同士の交流の話しが持ち上がり、大使館の協力で保護者向けのアフリカ料理教室などが開催され、小学生が日本のお正月について描いた絵が、大使館を経由して現地の小学校に届けられました。これから絵や民芸品などを介して両校の交流が続いていきます。今後、保護者による現地訪問なども話題にあがっています。

文化的な交流のみならず、狭山市は工業製品出荷額が県内トップクラスのものづくりのまちでもありますので、経済的な結びつきを持つべく、駐日エチオピア大使館の協力のもと「エチオピアビジネスセミナー in Sayama」を開催しました。市内の中小企業約20社が参加し、投資環境などについての説明受けました。参加企業数社でベンチャービジネスを立ち上げる方向で、現在話しが進んでいます。このイベントのおもてなしとしておこなわれたエチオピアの外交官らによる、市内の茶園でのお茶摘み体験が、大変好評であったため、アフリカへの狭山茶の輸出などという話しも、持ちあがりました。実現へはまだまだハードルが多いですが、そんな可能性を感じられるのも「最後の市場」とも言われるアフリカの魅力なのではないでしょうか。

何かと東アジアや北米、欧州の専門家ばかりが注目される我が国ですが、私はこれからもアフリカでの生活経験の

市内小学生による外交官らへの湯茶接待

あるひとりの地方議員として、草の根外交や文化、経済面での交流事業を続けていくつもりです。多くの志のある方々が開発援助やベンチャービジネスの世界で、アフリカと我が国の架け橋となってくれていますが、私はもっとそういった方々にスポットライトがあたってほしいと思っていますし、さらに言えば、政治や行政の世界でも活躍していただきたいと考えています。そのことがアフリカと我が国の距離をもっと近づけてくれると考えますし、現地の生活を豊かにし、我が国にも活気をもたらしてくれるものと信じています。これからアフリカに挑戦しようとしている皆さん、一緒に頑張りましょう。

駐日ブルキナファソ大使館による小学校訪問

プロフィール

NPO 法人まちのつながり推進室代表理事、狭山市議会議員。
1973 年生まれ。埼玉県狭山市出身。大東文化大学卒業後、大手セキュリティ会社に勤務、セキュリティの企画立案業務に従事し営業所長、営業担当課長を経験。2008 年外務省入省後、2010 年まで在モザンビーク日本国大使館にて理事官。2011 年より市議会議員をつとめ草の根外交をおこなうとともに、NPO 代表をつとめアフリカ文化の紹介等をおこなっている。アフリカ渡航歴は 10 か国。
法人名：NPO まちのつながり推進室、狭山市議会
URL：http://www.yabase-ichiro.net/

ケニアの陶器アクセサリーで社会貢献

Chuui（チューイ）代表　坂本厚子

２０１３年、大人女性が楽しめるアフリカンアクセサリーショップChuuiを立ち上げました。ケニアの土を原料としケニアの職人たちによって作られる陶器製アクセサリーをフェアトレード取引し、販売を行っています。日本で忙しく働く女性にユニークでハッピーなアクセサリーを届ける一方で、ケニアの女性達の継続雇用のサポートが同時に行える様な販売を目指しスタートした事業です。きっかけとなったのは、２００３年のケニア留学を機に３年間住んだ現地での生活と仕事の経験からです。大学で国際開発学を学び、ケニアではスワヒリ語を通し文化を学びました。卒業後、念願叶って国際協力機関で働く機会を得て、当時は夢に近づいているようで嬉しく感じていました。しかし、定職に就く事が難しいケニアで、ある日突然来た外国人が仕事を得て働く事に対するケニア人の感情、他部族間で抱かれる感情、職を得てからそのポジションを手放さないための必死さ、あらゆる事柄が入り混じった環境である事を知ったのです。それまで国際協力に携わるには、国際協力機関で働くのが一番の近道だと思ってきましたが、本当に必要とされているのは外国人の同僚やボランティア

ケニアでの１枚

という存在ではなく、彼らが継続して続けられる仕事・雇用環境なのでは？　と考えるようになりました。

一方、ケニアでの生活は何でも整う日本とは大きく異なりました。電気や水が予告なく止まり、いつ戻ってくるのかわからない。こうした環境の中、何かと助けてくれたのはやはり現地を良く知るケニア人でした。治安の悪さなどが先行しがちですが、ケニア人は親切で、特に困っている人に手を差し伸べようとします。持っている人が持っていない人を当然のように助ける文化があるのです。モノや便利さが少ない分、ケニアでは人の優しさに触れる機会が多く、それがとても嬉しく自分も何か返したいと思っていました。当時、私の楽しみが民芸品を買う事でした。洗濯に使う水を考えるなどオシャレから縁遠くなっていたこともあり、特に現地でできたアクセサリーに魅了されていました。その中で出会ったのが陶器アクセサリーです。Ｔシャツ＆ジーンズと代わり映えしない服装で過ごしていた毎日、身に着けるだけで服装をよそ行きに見せてくれる陶器素材のアクセに出会い、生活の楽しみが増えたのです。後にその工房が、仕事を必要とする女性へ雇用を提供する目的で始まったと知り、アクセサリーを日本で販売できれば雇用のサポートができるのではと思いました。環境は違っても、日本で仕事や生活に忙しく思うようにオシャレを楽しむ時間がない等、様々な悩みを持つ女性もいると思います。そこで、1点で洋服の印象を変えるアクセサリーを届けられたらと思ったのです。もちろん私自身が使用しその良さを実感していたこともあります。実際に日本で販売をスタートするにあたり工房と提携を結び、日本で大切な条件となる安定した品質を届けるための努力、日本の生活に合うオリジナル商品の企画、日本人に合うサイズ展開等、やる事は多く、自身が使用してきた経験を活かしながら、工房スタッフの協力を得て、日本人向けの商品開発を行っています。魅力的な商品を届けられればお客様にも喜んでもらえ、結果として継続販売&雇用のサポートに繋がると考えているからです。ケニアとのやり取りで感覚の違いはありますが、逆に発見もあり、環境や文化の違いはやはり面白いなと感じています。また相手を知れる機会となり、信頼関係を築いていく楽しさもあります。その違いごと商品に取り入れて届けていけ

美しいゼブラ柄ネックレス

1点1点手作業で仕上げる陶器ビーズ

たらと思います。陶器素材は素朴でいて高級感があり、そこにケニア職人の手仕事が加わるとオリジナリティ溢れる魅力的なアクセサリーに変化します。長年使えるのも陶器の良さです。モノや情報が溢れる時代に、1つのモノを大切にすることは、日々の充実感にも繋がっていくのではないかと思います。現在、アクセサリーに出会えて良かったと言ってくださるお客様の声と、工房との信頼関係が何よりものモチベーションとなり、また1つのモノを介し、たくさんの出会いがある事も新しい楽しみとなりました。Chuuiではアクセサリーを通し、自分の楽しみの中で誰もが気軽に社会貢献ができ、日々の充実した生活に繋げてもらえるようなショップでありたいと思っています。

プロフィール

1979年、福島県生まれ。子供の頃にテレビで見た貧困に苦しむ人々の映像に驚き、何故なのか疑問に思い、以来国際協力の仕事に関心を持つ。日本大学で、国際地域開発学を専攻。現地に住んでアフリカをもっと知りたいと2003年ケニア・スワヒリ語学院に入学、単身ケニアに渡る。卒業後、国際協力機関に従事。仕事・生活とケニア滞在3年間の経験を経て、2013年、Chuui（チューイ）を立ち上げる。
企業名：Ｃｈｕｕｉ（チューイ）
URL：http://www.chuui-jp.com/

私の挑戦　―ウガンダで雇用を創出―

株式会社３ＷＭ　川地　茂

私は２００６年から2年間、青年海外協力隊に参加しコンピュータ技術の教員としてエチオピアの職業訓練学校で活動しました。30人の生徒の担任を任され本気で向き合いました。ただ、１年が経った時、愕然とする事が起こりました。生徒への求人が1件も来なかったのです。生徒達はそこに人生をかけているのに、ニーズはゼロ。仕事を見つけてきてあげられない自分のふがいなさとともに、援助の限界を見ました。そして雇用を産み、受け皿となる民間企業の重要性を確信しました。できるだけ多くの人にできるだけ公平な雇用の機会を与えて、成功した人にはよりよい待遇を与え、ダメだった人はその現実に向き合ってもらう。自分もいつかそんな雇用の受け皿になる事業を立ち上げてみたいと思いました。

日本へ帰国後は、途上国でのビジネス展開を模索していた中古車情報誌の会社に入社し、事業開発やマーケティングを担当しました。それが車関連の仕事との出会いです。現地で汗をかいている取引先とやりとりをする中で、自分もプレーヤーとして挑戦してみたいという

現地で在庫を並べています

思いが強くなりました。そんなときに、ウガンダへ進出を検討していた今の会社に出会い、エチオピアでの思いも相まって入社を決めました。

２０１２年から始まったウガンダでの事業は、商用車を中心とした中古車輸入販売です。私たちが扱っているクレーン、トラックやダンプなどの商用車は、安くても1台80万円、高い物では５００万円ほどになります。お客様は、親戚からお金をかき集めたり、何年もコツコツ貯めたりして購入するのです。彼らは、「車の購入代金よりも多く稼ぐ」という可能性にかけています。つまり「投資」です。私たちの仕事は、単に車を売ることではなく、彼らの事業が成功するよう、力になることです。商用車を元手に彼らの収入が上がることで、世の中全体の経済が活性化する。そのポジティブなサイクルに関わりたいと思っています。

その実現の為にはアフターケアに力を入れる必要があると感じ、車の販売を取引の終わりではなく始まりとするため、２０１５年に自動車整備工場を立ち上げました。

現場の技術スタッフは全てウガンダ人で、地元の職業訓練学校から自動車整備工のインターン生も常時受け入れています。ただ現地スタッフだけだと作業のやり忘れ等のミスをなかなか減らすことができないので、日本人の整備士が品質管理と技術指導の担当として常駐しています。それに加え、これからは日本製の高品質で比較的安価な部品を探し出し、さらなる付加価値として輸入、提供し現地企業や個人事業主の車のパートナーとして成長していきたいと考えています。

整備工場での作業風景

今後の展開として、今取り組んでいる事業に加え、田畑を耕すために用いる耕うん機を中心に、日系企業の農業機械の販売を進めていきます。農業は、ウガンダの労働人口の約７割を占める基幹産業ですが、多くの農家はまだ人力で畑を耕しているため生産性が低く、商業化が進んでいません。色々な農業機械は市場に入ってきてはいるのですが、人口の多い中小零細農家への普及の努力を自ら積極的に行っている販売会社は殆ど無いので、農業の機械化はなかなか広まっていません。

そこで私たちは自分たちで農業を行い、機械の実証試験を行う事で現地のニーズをより深く理解する所から始める事にしました。その知見を基に、実際の農地で耕うん機を使用する体験会を開き、負担や生産性の違いを実際に知ってもらい、購入頂いたお客様をしっかりサポートして日本の農機具の魅力を伝えていきたいと思います。

これから販売していく耕うん機

アフリカはまだまだ不安定な要素が多く市場の規模も小さいので、毎日が気の抜けない挑戦の日々ですが、ダイナミズムを感じられることがなによりの楽しさです。アフリカでの挑戦に興味を持っている方は、この大陸を肌で感じるために、是非まずは訪れてみて下さい。

プロフィール

3WM UGANDA LIMITD 代表。1975 年生まれ、愛知県出身。IT 企業のエンジニアとして 20 代を過ごした後、2006 年に青年海外協力隊に参加。エチオピアの職業訓練学校で 2 年間活動。帰国後、中古車情報誌を発行する会社で途上国向けの事業開発・マーケティングに携わる。アフリカ向けの中古車貿易に直接関わりたいとの思いが高まり、2011 年中古自動車・部品専門商社 3WM に入社。中東での研修を経て 2012 年から現職。
企業名：株式会社 3WM
URL：http://www.3wm.co.jp

ひまわりのような笑顔をつくりたい

Alizeti（アリゼティ）代表　根津朋子

ルワンダ発ファッションブランドAlizeti（アリゼティ）はルワンダで製作したオーダーメイド洋服を日本の若い女性向けに販売しています。生産者の顔が見えること、オーダーメイド洋服を安価で作れること、若い女性向けのデザインでアフリカ柄の洋服が購入できることがAlizetiの特徴です。ルワンダ駐在の日本人スタッフがルワンダで洋服のチェックをし、私は日本で販売をするという体制で事業を回しています。

Alizetiとはルワンダなど東アフリカでよく話されているスワヒリ語の言葉で「ひまわり」という意味です。ひまわりは大きく咲き誇り主役のようであり、さらに周りの人を元気にさせるようなイメージがあります。このブランドに関わる人全員が輝ける、そんなブランドにしたいという想いを込めAlizetiという名前にしました。

このAlizetiを立ち上げたのは２０１６年１月、大学４年生で休学していたときでした。私は長崎県出身で世界を平和にするために働きたいというのが小学生の頃からの夢で、大学に入ってからは平和学を学び、特に途上国の貧困問題について興味を持っていきました。しかし、それまで途上国に行ったことがなかったため机上の空論で議論をすることが多く「現状を知らないのに途上国の人のために貢献することはできない」と、自分の目で途上国の貧困を見るために東アフリカのケニアの小学校でボランティアをすることになりました。アフリカを選んだのは、大学生という時間がたくさんある時でないと遠い場所には行けないと思ったからでした。ボランティア先では1日に1食しか食べられていない子がいる現状や、親が学校教育を受けられなかったため自分の子も学校に通わせず貧困が連鎖している現状があることを知りました。

　ある日買い物に行ったときに初対面の女の人に「お金をくれ」と言われました。普通なら「かわいそう」と思うのではないかと思っていたのですが実際に私の中にある感情は怒りの感情でした。外見だけで判断されたことと、自分の力でどうにかしようとするのを感じられなかったことでその怒りの感情が出てきていました。しかし一方で、私をボランティアとして受け入れてくれたホストファミリーはケニアの貧困を本気で解決しようとしていました。彼らのように熱いケニア

ケニアでの学校ボランティア

人と「対等」な立場で関わりたいと思い、お互いのメリットを常に考え続けなければいけないビジネスに興味を持つようになりました。

そして大学4年生で休学をしアフリカで企業インターンをしながら、簡単に始められそうな洋服販売に取り組んでみることにしました。ビジネスがしたいというよりは、実際はアフリカの布を初めて見たときに「可愛い‼」と一瞬で惹かれ、この布を身に着けたいと思ったのが始まりでした。また腰に巻いてスカートのように使ったり、頭に巻いたり、あかちゃんをおんぶするときに巻いたりとその布の使い方が多様な点にも惹かれました。しかし、この

ルワンダのテーラーと

布は女子大生の私にとってはアフリカで身に着ける分にはいいけれども、日本では日本のおしゃれに合わずすぐに身に着けなくなるか捨ててしまうと思いました。そこで、日本でも着用できて日本のおしゃれに合うような洋服をつくることを目指しました。

しかし、いざ立ち上げようとすると思った以上に難しいことが多く、ある程度の質のものは作れても日本人に販売するとなると厳しかったり、逆にとてもうまく作れているがその分、人件費が高かったり

と、レベルが高く人件費が高すぎないテーラーを探すのにかなりの労力と時間を使いました。また若い女性が心から「可愛い！」と思える洋服のデザインを考えるのもデザインの専門家ではないので試行錯誤の日々を送っていました。今ではよいテーラーに可愛い洋服を作ってもらえる体制ができ、お客様にも「可愛い」と喜んでいただけています。

市場で洋服づくりをする大人数のテーラー

今もAlizetiに関わる人全員がひまわりのような笑顔になれるように日々進化し続けています。生産者のテーラーの技術向上だけでなくテーラーがどうしていきたいのかという将来について意見を出し合ったり、お客様がどうしたらもっと満足できるかを工夫したり関わる人の顔を一人ひとり思い浮かべ、いつかは現在雇用しているテーラーだけでなくテーラーの人数を増やし、日本でアフリカ柄の流行りをつくれるようになれたらいいなと思っています。

プロフィール

1993年6月、長崎県出身、ルワンダ発ファッションブランドAlizeti（アリゼティ）代表。長崎出身というバックグラウンドから幼い頃から世界を平和にすることが大きな夢であり、大学では平和学を学ぶ。大学2年生の時に訪れたケニアが人生初の途上国で衝撃を受け、アフリカでビジネスすることに興味を持つ。大学4年で1年間休学し、アフリカ3カ国で企業インターンを経験。その際にAlizetiを立ち上げる。
企業名：Alizeti（アリゼティ）
URL：http://alizetiafrica.wix.com/alizeti

国境をこえて、ともにゆたかな未来を

モンスーンジャパン合同会社　代表

横山和歌子

私がアフリカを知るきっかけとなったのは、小学生の頃、地元で開かれたアジア太平洋万博を通じて自宅にホームステイに来たフィジーのお姉さん達との交流をきっかけに異国に惹かれ、その後サンゴ礁破壊や森林伐採などのニュースを耳にするうちに自分も何か力になりたい！　と心に決めたことからです。環境問題の勉強をするうちに、環境問題の多くが南北問題が原因で起こることを知り、卒業後はＮＧＯ職員として働き始めました。もっと現場を知りたいという気持ちから青年海外協力隊としてアフリカへ行き、帰国後は開発コンサルタントとしてスーダンやモザンビークなどの途上国支援に携わってきました。

初めてアフリカに足を踏み入れたのは青年海外協力隊でマラウイに行った時です。若いうちに日本と一番違う国で現場経験を積みたくて、日本と一番違う国＝アフリカ！　と単純な発想からスタートしたご縁です。

ナノフランチャイズ事業の現地サポーターと

マラウイの若者は、やる気と能力があっても国内事業が少ないため雇用の絶対数が少なく、若くて経験がない等のハンディから仕事を見つけるのが困難な状況です。原因はマッチングではなくて仕事の供給不足です。そこで私は、事業をつくり雇用を生むことで課題の解決を目指しています。

具体的には、公文やヤクルトなどが途上国の低所得者層向けに実施しているマイクロフランチャイズのハードルを限界まで下げ、より多くの人がチャレンジできるナノレベルの仕組みを『ナノフランチャイズ』と名付け、新しい雇用が創出できるビジネスモデルの確立を目指すものです。

ナノフランチャイジーとなった販売員には、たとえ1個単位からでもいいので「商品を仕入れて売る」というトレーニングと販売実践を通じ、日々の収入を増やしつつ、ビジネス感覚や自発性、創造性を培ってもらいます。販売方法も、隣近所や知人に売る、少し遠方まで歩いて売る、自転車で売る、バスなどの交通手段を用いて遠方まで出向いて売る、他の店に卸すなど、さまざまな創意工夫の余地があります。また主婦や若者、農閑期の農民など、それぞれの生活になじむ方法で参加することが可能です。途上国とはいえ、アフリカでは携帯電話がかなり普及しているため、販売員自らが流通経路を開拓し、地域のライフスタイルに密着した販売チャネルをきめ細かく構築することが可能です。

販売する商品は、せっかく売るなら嗜好品よりも生活上の悩みを減らせるものの方がいい、ということで現地ニーズの高い安全で効果的な粘着式のネズミやゴキブリの駆除商品を選びました。ナノフランチャイズ方式による販売体験を通して、衛生概念の向上などの啓蒙的効果もねらっています。

協力隊時代、マラウイ北部の村で

アフリカに行って良かったと思うことは、現地の方とふれあい、仕事をするなかでいわゆる「途上国」と呼ばれる国に住む人々への見方が変わった事です。アフリカを知れば知るほど、現地の方はもともと優れた能力を持っていて、けれど植民地時代や独裁政治によって何世代も創造性や自発性が抑圧されてきたために、自由な社会が開けてもうまく力を発揮できずにいるのだと思うようになりました。アフリカで欧米人が経営する大規模農園では、現地人スタッフには「作業」

ナノフランチャイジーと

だけをさせ肝心のノウハウは一切教えないという話があり、これこそ、逆に彼らの能力の高さを裏付ける事実です。

抱える課題は国それぞれ異なりますが、人々が国境をこえて強みや経験、教訓を持ち寄り、ともに取り組むことで、より暮らしやすく持続的な世界へ到達できると信じ、日々仕事に取り組んでいます。

アフリカでは電気のないような田舎にも携帯電話が普及し、法規制が未整備なため先進国よりもドローン等の新技術を導入しやすいなど、面白いチャレンジがしやすい環境です。これからアフリカへ何らかのかたちで挑戦する方には、現地の人々の課題を解決するビジネスを、皆さんの挑戦でたくさん作っていってくれたらと思います！

プロフィール

1980 年、福岡県出身。熊本大学理学部、筑波大学大学院環境科学研究科で環境問題について学んだ後、環境系 NGO、青年海外協力隊、開発コンサルタントを経て 2014 年 3 月にモンスーンジャパン合同会社を設立。アフリカの内発的発展をめざすソーシャルビジネスに取り組んでいます。

企業名：モンスーンジャパン合同会社

URL：https://www.monsoonjapan.co.jp/

車を買う代わりにアフリカに養鶏場を作る

川尻翔太

ガーナでパートナーと養鶏場づくり!

僕は今アフリカのガーナで現地パートナーとビジネスを始めようとしています。ガーナの食文化を豊かにしたいという思いで養鶏場を作っています。ガーナのンコランザという村では、卵の需要が高いのに数が足りない、あっても買いに行くことが容易ではない状況があります。そこで僕たちが卵を村の近くで作ることで、その供給やアクセス困難性を解決することを目指しています。また、僕たちが卵を作ることによって雇用を創ることができれば現地のためになるかと思います。

現在僕たちの土地には事務所と鶏舎があります。そしてボアホールという井戸みたいなものもクラウドファンディングにて資金を募り、作らせていただきました。まだ鶏はいませんが設備を十分に整えた後、飼育を開始します。事務所、鶏舎を作る際に大変だったことのひとつは物価の高騰です。外務省の発表しているデータを見るとガーナの物価上昇率は18・8%

（2015年：世銀）とあります。実際に建築時に必要な木材の値段が上がり、予算をオーバーすることがしばしばありました。なので資金繰りにはより一層の注意が必要かと思います。あとは物騒な話に聞こえるかもしれないのですが、2017年1月上旬に養鶏場に強盗が入りました。幸い？　にも夜中だったので怪我をした人は誰もいませんでしたが、鍵を壊されて中にあったノコギリやたくさんのセメント、そして偶然預かっていたウサギを持って行かれました。パートナーが怪我したりしなくてよかったと安心すると同時に、アフリカでビジネスしてるのだなという感じもして少し興奮しました。その当時は資材しかなかったのであまり気にしていませんでしたが、ボアホールを作った今では夜間、セキュリティのために弓矢を持ったガードをつけています。弓と矢は100ガーナセディ、約2500円でした。使うことがないことを祈っています。

パートナーと空港にて

小さなビジネスチャンスがたくさんある

実際に行って僕が感じたことはチャンスがたくさんあるということです。小さいビジネスならいくらでも作ることが可能だと思いました。そしてそれはアイデアを凝らしたものである必要もなくて、シンプルなものでいいのだと思います。現地でコピー屋さんを見てそう思いました。小屋の中に単にキャノンのコピー機一台と店番の女性がいるだけ。それをみんなが利用しにやってくるのです。僕のパートナーも書類をコピーしたいからと使っていました。たったそれだけでビジネスが成り立つのです。もちろんこれ単体は大きなビジネスではないですが、小さくても確かなビジネス、労働の場があることが重要なのではないかと思いました。特に田舎では雇用、お金がないので顕著なのではないかと感じています。アフリカの美容についても同様のアイデアを聞いたことがあります。オートネイルという、おしゃれなデザインをネイルにプリントする機械があればビジネスになるのではないかというアイデアです。アフリカでも美に関する需要は高いと言われており、人気が出るのではないかと思います。あとはアフリカは人口が増えていて、平均年齢も10代～20代と若い国です。農業をはじめとする食に関わるビジネスも堅実に伸びていくと思います。僕は養鶏場の傍、水をあげておくだけで育つというきのこの栽培を進めようとしています。このような小さいアイデアで、少しずつ雇用を作り、現地の人々を少しでも経済的に豊かにすることができればいいと思っています。

僕たちが作成中の養鶏場　左が事務所、右が鶏舎

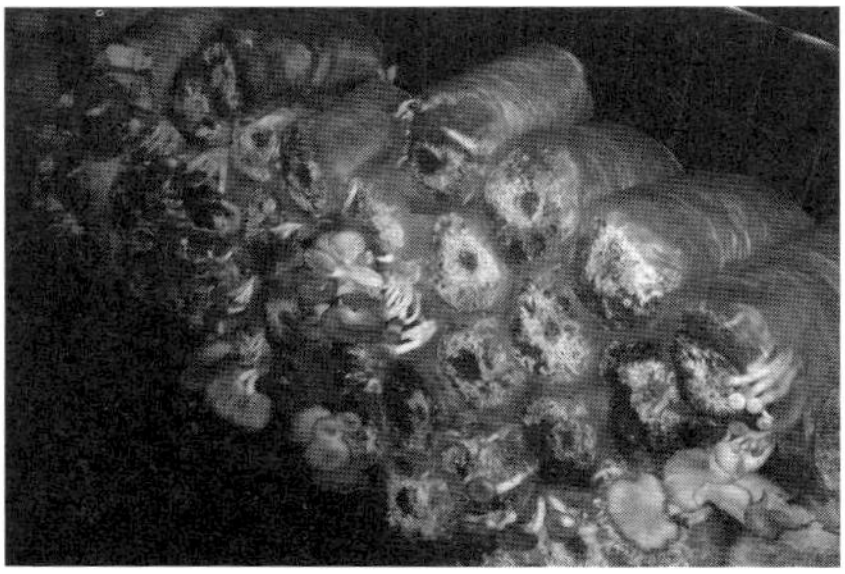

今後始める予定のキノコ栽培状況視察

車買うより、アフリカで養鶏場で作る方がワクワクした

僕は幸運な縁に恵まれてガーナを訪れ、そこで面白さを感じ現在養鶏場を作っています。ビジネスを始める際、もちろん迷いました。パートナーとのコミュニケーションはもちろん、まとまったお金もかかるからです。でもその時友人がお金で車を買っていたのを見て、車を買ったつもりで養鶏場を作ろう！　失敗したら大破したんだと考えて見たら非常に気持ちが楽になりました。えいや、と始めたことですが、今ではとてもワクワクしていまから少しずつ完成に近づくのが楽しいです。アフリカ、と聞くとネガティブなイメージを持つ日本人の方々は多いですが、僕が小さくても活動を続けることできちんと目を向けてもらい、たくさんのチャンスがあるということを知ってもらえれば嬉しいです。

プロフィール

川尻翔太。サラリーマン時々フォトグラファー、ブロガー。1992 年生まれ。知人の紹介でガーナに渡航。アフリカの面白さに惹かれ、現地で小学校の先生をしているガーナ人と一緒に養鶏場作りを開始。資材の高騰や、大小様々なトラブルに見舞われながらも鶏舎と事務所が完成。2017 年内に養鶏スタートを目指し奮闘中。

URL：ブログ：のるそる !! http://www.stevek.xyz

ザンビアでの医療貢献

Zimba Mission Hospital　医師　三好康広

長崎大学医学部に進学し、大学在学中にバックパッカーとして、アジア、アフリカを旅し、途上国の悲惨な現状を目の当たりにしました。そしてアフリカ縦断中に、ケニアで病気になるという経験をしました。ひどい嘔吐と下痢で食事もほとんど喉を通らない状態でした。たまたまバスで知り合ったスーダン人難民の家族が、僕を家に泊めて、看病してくれました。その経験から医師としてアフリカの地で恩返しをしたいと思うようになりました。アフリカの地域の医療の現場で特に感染症、外傷、産科のニーズが高いと判断し、２００９年に大学を卒業して初期研修を2年終了後、内科を1年、整形を1年、産婦人科を3年間勉強しました。２０１５年10月に徳島発のＮＧＯであるＴＩＣＯの代表の吉田先生と初めてザンビアを訪問し、極端な医師不足であることを知り、ザンビアで働くことを決めました。

２０１６年3月にこれまで働いていた長崎医療センターを退職、準備をした後、２０１６年5月にザンビアに移住してきました。ザンビアでの筆記・口頭試験に無事合格し、医師免許を取得することができました。6月から1ヶ月間ザンビア大学病院で研修を受け、7月からザンビア南部のZimba Mission Hospital（以下ジンバ病院）でボランティア医師として働いています。

ジンバ病院は周囲の33万人の人口をカバーし、132の入院病床を要する病院ですが、医師は4人しかおらず、外国人は僕1人だけです。僕は主に産婦人科の患者さんをみていますが、医師不足のため老若男女問わず、全ての患者さんの診察に当たっています。エイズや結核、マラリアなど日本ではあまり診ることがない感染症の患者さんと、日々接しています。淋菌、クラミジア、梅毒、コンジローマなどの性感染症の患者さんも多く見かけます。ジンバは一見のどかな町ですが、レイプなどの犯罪も多く発生しています。毎週のようにレイプされた患者さんが、病院を受診します。最年少は5歳でした。処女とセックスをすればＨＩＶが治るなどいう迷信などが影響しているのかもしれません。多くの障害者もレイプの被害にあっています。

診療風景

またザンビアはキリスト教の国であり、中絶は基本認められていないのですが、望まない妊娠をした女性が、非合法な薬物投与や処置を受け、ひどい出血や感染を起こす例も、多くあります。ジンバ病院では1ヶ月の分娩件数が約150件、帝王切開が約30件あり、その管理を一人で任されています。これまで勤めていた長崎県でも随一の分娩件数を誇る、長崎医療センターでの1ヶ月の分娩件数50件程度で、そこには約10人の産婦人科医がいました。現在1日平均40~50人の患者さんの診察を行い、1ヶ月だいたい40~50件程度の手術をこなしています。手術のほとんどが、緊急手術であり、帝王切開以外では流産や子宮外妊娠の患者さんの手術を昼夜行っています。夜間もほぼ毎日急患で病院から呼び出しがあり、睡眠時間が2~3時間という日もあります。

日本と違い、できる検査、治療も限られているので、その中で日々思考錯誤しています。僻地に住んでいる人は、病院に来るのにも時間がかかり、もともとすぐに対応できれば問題ない病気であるにもかかわらず、到着時には瀕死の状態であったりします。アフリカでは年間20万人の妊婦が分娩

僕が帝王切開をした患者さんとアメリカからの実習生と一緒に

看護師に指示を出す様子

後出血などの原因で死亡しているといわれています。しかしそれは例え資源が少なくても適切に対応することで、最小限にすることが可能です。そのために日々全力で患者さんと向き合い、またスタッフの教育をさせていただいております。

2017年1月23日にテレビ東京の「世界ナゼそこに日本人?~知られざる波乱万丈伝~」でも取り上げていただきました。その影響もあり、日本からも医療関係者が応援に来てくれるようになりました。ボランティアのため、日本での貯蓄を切り崩しての生活ですが、夢見てきたアフリカの地で、医師として働けていることをとても幸せだと感じています。引き続きザンビアの地域医療の向上のために、努力して参りたいと思っています。

プロフィール

1983年、愛媛県松山市の生まれです。中学・高校時代は人と接するのが苦手で、引きこもりがちでしたが、高校1年生の時に見た『パッチアダムス』という映画に触発され、医師の道を志しました。医学部在学中にケニアで病気になった際に、スーダン人難民の家族に助けてもらうという経験をし、アフリカで働きたいと思うようになりました。日本で研鑽を積んだ後、2016年7月からザンビアでボランティア医師として働いています。

団体名：TICO

URL：http://www.tico.or.jp/

無限なポテンシャルを秘めたスーダン―スーダンに平和と若者に雇用機会を

国連開発計画（UNDP）Youth Volunteer コーディネーター　備瀬千尋

「ヤーバーン（日本）！　トーヨーター（トヨタ）、ホンダー（ホンダ）」、７割以上のスーダン人が、私が日本人だと知ると自動車産業における日本の先進力を強調し、日本人はとにかく秀才だと褒め称えます。また、電子機器産業は世界トップクラスであること、「改善」のコンセプトは日本が発祥であることなど、インターネット普及率の拡大とともに日本・日本人に対する評価は高まっています。

３年前、私が初めてスーダンを訪れたのは、ＪＩＣＡのボランティア派遣事業で職業訓練校へ派遣されたのがきっかけでした。当時、インターネットでスーダンを検索すると、紛争・貧困・危険といった内容が表示され、写真の枚数も限られていました。しかし、初めて首都ハルツームを体感した時、ただただ「安全」「穏やか」という印象を受け、想像とは大きくかけ離れたポジティブなエネルギーを感じました。もっとスーダンを知りたいと感じたのと同時に、世界中で横行しているスーダンの誤った情報やマイナスなイメージを払拭したいと強く思いました。

ハルツーム職業訓練校にて。元サッカー日本代表・永島昭浩さんが初スーダン訪問で学生たちと交流。私は写真右です。

私が活動していた職業訓練校は大半の生徒が15歳から21歳までの青少年。私は主に女性を対象とした洋裁課でプログラム・カリキュラムの見直しや授業内容の改善、ワークショップの実施に携わりました。女生徒の洋裁技術は、目を疑うような技術でしたが（販売レベルにはまだまだ達しない状態）、ギャルと呼んでいたスーダンの女生徒たちは皆明るく素直で、何より美意識が高いという意外な事実も発見することが出来ました。女生徒に限らず、大半のスーダン人女性は美しい物や新しい物を好みます。一方で、国内で販売されている商品は輸入品が多く、スーダンを象徴する国産品は殆どない状態でした。そこで、旬で地元素材を活かした商品開発を行えばMade in スーダンの土産品が出来ると考え、スーダン産の革を使用した雑貨作りに没頭しました。皮の品質に関してはまだ世界レベルには達しませんが、現在も工場単位で着実に発展の過程にあります。

2年間で活動計画をほぼ達成することができましたが、課題として1つ残ったのは生徒たちの卒業後の進路についてでした。スーダンの青年の失業率は40％超えと報告されており、日本と比較すると約4倍になります。他の開発途上国と同様、スーダンの限られた雇用機会は有能な青年たちの未来を閉ざしてしまうため看過できません。そのため、活動終了後もスーダンの青年たちの将来のため活動を続けたいという思いから、国連開発計画（ＵＮＤＰ）の「青年ボランティア・ダルフール復興プロジェクト（ＹＶＲＤＰ）」に加わりました。当プロジェクトはスーダンの中でもダルフールという長期的に紛争が続いている地域で平和復興と青年の雇用率改善を目指しています。具体的には、大学卒業者を対象にビジネス及び環境の２分野においてトレーニングを行います。修了後、彼らを青年ボランティアとして地元のコミュニティへ派遣し、その地域の人々へ能力・技術移転を行うという内容です。第１フェーズでは60％以上の卒業生が早々と就職を実現、または起業に挑戦しています。トレーニングで新たに習得した知識や技術を実生活で即発揮できる高い能力と傑出した忠誠心を持ち合わせる彼らは、今後様々なビジネス分野で活躍していくことと思います。また、当プロジェクトでは日本人先輩スタッフがオフィサーとして全体を総括し活躍しており、ＵＮＶポジションはＪＩＣＡとの提携（派遣費用をＪＩＣＡが支援）による国連ボランティア特別枠派遣です。２０１７年は日本の補正予算が

国連開発計画（UNDP）の青年ボランティア・ダルフール復興プロジェクト（YVRDP）は毎年 International Volunteer Day で青年ボランティアたちと清掃活動を実施している。私は写真の前列左端です。

国連開発計画（UNDP）青年ボランティア・ダルフール復興プロジェクト（YVRDP）、全トレーニングを修了した青年ボランティアたちの卒業式。私は写真の前方左側です。

つくため、更に多くの成果が日本に向けて発信できると期待しています。

紛争の中、自分や家族の安全を守り、生活維持に勤しむ彼らから日々勇気と希望をもらいながら、今後もスーダンの平和構築と若者の雇用機会拡大のため彼らと切磋琢磨していきたいと思います。

最後に、アフリカ進出を検討されている企業の方々のために、現在国連が募集している事業機会(business opportunities)の詳細をご案内します。企業登録も可能で、FAQsもメールで問い合わせることが出来ますのでお役立てください。

●Procurement Division: https://www.un.org/Depts/ptd/

●United nations global marketplace: https://www.ungm.org/

プロフィール

1983年、沖縄県出身。英国University of Huddersfield、心理カウンセリング修士課程修了。公立中学校にて心理職に就いた後、JICAボランティア派遣事業（JOCV）でスーダンの職業訓練校にて2年間活動。現在は国連開発計画（UNDP）の「青年ボランティア・ダルフール復興プロジェクト（YVRDP）」においてダルフールの平和復興と青年の雇用率改善に携わる。

団体名：国連開発計画（UNDP）

URL：https://social.shorthand.com/YVRDP_Sudan/3CstmvSMMc/undp

Youth Volunteer Rebuilding Darfur Project URL:https://social.shorthand.com/YVRDP_Sudan/3CstmvSMMc/undp

ケニアの雇用拡大を目指して

EXCIA East Africa Limited, Managing Director　松本義和

なぜ私が今ケニアでこの仕事をしているかと言いますと、7年前に青年海外協力隊でケニアに来たことがきっかけになっています。当時私はPCインストラクターという職種でマランダハイスクールというセカンダリースクール（中学3年生～高校3年生までの4年制）に配属されました。学校に住込みでコンピュータの授業を担当していました。

そこで気づいたことが、授業料を払えず退学する生徒がいることです。そんな中、青年海外協力隊有志で作られている奨学金グループへ1人生徒を申請し、彼の家へ訪問し家庭環境を調査しました。父親代わりになっている方が仕事を解雇され、収入がなくなり学費が払えなくなったのが原因でした。彼にはまだ弟や妹が3人おり、彼1人は奨学金で卒業まで支援できるかもしれませんが、父親に仕事がないままでは、妹や弟は学校へ入学すらできなのではと、一時的な奨学金では根本的な解決にはならないのではと思いました。そういったことを経験して、協力隊後の仕事は、途上国で雇用を拡大できる仕事に就きたいと思いました。

日本へ帰国後、途上国に工場がある会社へ就職をしましたが、なにかしっくりこなく、実

事務所前で従業員と

際に現地で働きたいという気持ちが強くなり、そうなれば自分の経験を活かせるケニアではないのか？　と思い、求人を調べたところ株式会社エクシアでケニア駐在員入れ替えのタイミングで募集をしていました。そんな感じで私は現在ケニアで働いています。

　エクシアでは２００９年にケニア現地法人EXCIA East Africa Limitedを設立して、中古車輸入業を行っていました。親会社エクシアからケニアの自動車ディーラーへ車を販売している輸出書類などの管理を担っているのですが、私の任務は現地法人としての利益を作ることでした。エンドユーザーへの販売、新規自動車ディーラーの獲得、新規事業開拓などです。実は現地法人での利益を生み出すと言う点で、代々のディレクターは非常に苦労されていました。ケニア人の動向で、実物を見ないと信頼できない、輸入車は8割がローンで購入という状況でした。弊社では在庫車を持っていないこと、ローンで購入するにはケニアでの車検証のようなLogbookが必要になるのですが、日本にある車ではその書類が取得できないため、非常に困難でした。Ｗｅｂサイトを強化したり人員を増やし新規ディーラー取得の営業に尽力しましたが、競合もたくさんいるため差別化が測りにくく苦戦しました。

新規事業として２０１５年８月からドライバー付レンタカー事業を始めました、これは日本人ターゲットに始めました。ケニアの治安やテロの脅威から観光業は下火になっていましたが、経済成長を続けているケニアにビジネスの視察目的で来る企業は多いのではないかと、さらに２０１６年８月にはＴＩＣＡＤがケニアで開催されることもありましたので、需要があると思い開始しました。

お客様に納車

２０１５年は販売もレンタカーも、さんざんな結果に終わってしまいましたが、２０１６年はレンタカーのお客様が増えたおかげもあり、業績がかなり回復できました。その結果もあり、親会社からのサポートを頂き、少しですが在庫車を保有して、販売やレンタルに使用し利益を生み出しています。

現在は新たな新規事業を開始するために行動しています。今回はもっと沢山のケニア人の雇用につながるような事業を検討しています。

アフリカへ進出を考えられている皆様、ケニアにはいろんな可能性があると思います。まだまだ日本にあってケニアにない物やシステムが沢山あります。うまくマッチングできれば成功できるビジネスはあると思います。日本人コミュニティーも大き過ぎず、親密になって助けてくれます。私もEXCIAがレンタカーしていると、日本人コミュニティーに口コミで広めて頂いたおかげで仕事を沢山頂けましたし、今の仕事が続けていられます。本当に感謝しています。私はもっと長くケニアで働きたいと希望しています。是非一緒にアフリカで働きましょう。

協力隊時代の生徒（奨学金を申請した）と再会

プロフィール

1980年生まれ、兵庫県出身。姫路獨協大学卒業後、2009年に7年半勤めたOA機器商社を退職して、青年海外協力隊に参加。PCインストラクターとしてケニア西部にあるマランダハイスクールに派遣され2年4ヶ月の活動を終え、2012年帰国。その後、2014年に現職で再びケニアへ、EXCIA East Africa Limitedの現地代表として自動車販売、ドライバー付きレンタカー事業を運営。
企業名：EXCIA East Africa Limited
URL：http://exciacarhires.com

南アフリカ・ムタルメ地域の人たちと共にゆっくり歩んでいます！

アジア・アフリカと共に歩む会（TAAA）南アフリカ事務所　平林　薫

アジア・アフリカと共に歩む会（TAAA）は現在、南アフリカ共和国クワズールーナタール州南部のウグ郡ムタルメ地域で〝有機農業塾〟の運営と、地域内の30校で学校図書室の設置と図書活動支援、地域や学校のサッカーチームへのボールの寄贈と交流を行っています。

私が南アフリカと関わるようになったきっかけは、アフリカ民族会議（ANC）東京事務所に秘書として勤務したことで、1994年の初の民主的選挙の後、希望に満ちた同国を初めて訪問しました。アパルトヘイトという非人道的な制度の下、厳しい社会環境の中で生きてきたにも関わらず、明るく元気でやさしい人たちとの出会いに衝撃を受けました。そして、いわゆる〝アフリカンタイム〟は、のんびり屋の私に合っていて居心地の良さを感じました。おまけにサーファーにとって一年中暖かい水と良い波、美しいビーチのある東海岸は最高で、現在住んでいるウグ郡（ウグとはズールー語で沿岸部のこと）ヒバディーンは、南アを初めて訪問した時から〝こんなところに住みたい〟と思い続けていた場所でした。

南アフリカは多民族国家で公用語は11言語、行く先々で多種多様な文化に出会えます。私

コンテナー図書室を寄贈したムナフ小に日本から送られてきた英語の本を届ける

の住むクワズールーナタール州は主にズールー人が居住しており、人々は〝明るく元気でやさしい〟に加え、〝リスペクト（他への敬意、尊敬）〟を人生のモットーとしており、先祖や自然を敬うところなどはとても共感できます。誇り高い民族なのですがジョークが好きで、〝堅苦しいことを言わず笑って解決〟といった楽天的な面もあります。しかし、民主的な国として再出発したものの、日に日に経済格差が大きくなるばかりの社会に人々は失望感を抱き始めているのも事実です。特に都市部から離れた地域では雇用の機会が非常に少なく、経験不足から自分たちの力で何かを始めることもできない状況に不満が募ってきています。

南アフリカでは農業が国の経済発展や雇用促進に欠かせない産業との認識はありますが、いまだに〝農業イコール大規模農場経営〟という意識が強く残っています。歴史的要因から小規模農場や農家が見られない地域では、学校教育の中で技術指導をすることが有効だと考え、私たちの有機農業活動はまず学校菜園から始まりました。時間はかかりますが、活動に参加した生徒たちが大人になる頃には違和感なく畑仕事に取り組めるようになると考えています。そして現在、有機農業塾の活動では、地域の気候や土壌の良さを有効に活用して有機栽培を促進し、安全で栄養価の高い作物を生産、利用することで、地域住民の生活の質の向上を目標としています。そして、特に若者たちに対して、将来的にプロの有機農家として活躍できるよう人材育成に力を入れています。

学校図書室の活動に関しても、州教育省は最大限の努力はしているものの予算に限界があり、設備の改善や十分な教材の配備に遅れが出ています。図書室のなかった学校が、コンテナー図書室と本棚、日本から送られる英語の本等の寄贈と利用方法の指導により、校内に図書委員会が設置され、本を有効に利用できるようになっていく姿を見ることが、私自身、そしてTAAAメンバーにとって何よりの喜びです。農業塾の活動も学校図書室の活動も、地域出身の若いスタッフたちの活躍で進められています。自分自身が有機農業に興味と情熱を持つスタッフは、地域の人たちへの指導にも自然と力が入ります。また、自分自身が高校の図書委員会メンバーとして活躍していたスタッフは、その経験を熱

有機学校菜園活動で優秀賞を獲得したシヤペンバ小の菜園メンバー

心に後輩に引き継いで行っています。

私にとって大好きな場所ですてきな仲間と活動できることは何よりの幸せで、これからも活動を通してどんな素晴らしい能力を持った若者たちに会えるかワクワクしています。地域での活動を支えてくださるＴＡＡＡ国内メンバー・サポーターの皆さん、資金提供をしてくださっているＪＩＣＡ、外務省、その他多くの財団や企業に感謝の気持ちでいっぱいです。活動は小規模ですが、地域の人々との信頼関係をしっかりと築いていくことを第一に考え、プロセスを大切にしながら少しずつ前進して行きたいと思っています。将来は地元の仲間と地域おこしに携わり、日本の皆さんにも来ていただいて、交流を通した学び合いの機会を作れたらと考えています。

地元の高校とサッカー交流試合の後。左から TAAA スタッフ４名と日本から訪問した津山家野くん

プロフィール

東京都大田区出身。派遣会社からアフリカ民族会議 (ANC) 東京事務所への勤務がきっかけで南アフリカと出会う。1997 年より同国在住。ANC 勤務時に知り合ったアジア・アフリカと共に歩む会 (TAAA) の連絡員を経て南アフリカ事務所を設立、2003 年よりクワズールーナタール州において学校及び地域への支援活動を行っている。海とズールー人が何よりも好き。近い将来、地元ムタルメの人たちと地域おこしに携わるべく準備中。
事業名：アジア・アフリカと共に歩む会（TAAA）
URL：www.taaa.jp

ケニアの非行少年と更生保護活動の活性化

特定非営利活動法人ケニアの未来　副代表理事・事業責任者　橋場美奈

私が、アフリカに興味を持つきっかけとなったのは、大学在学中に開発経済学を専攻し、国連開発計画による「人間開発報告書」の指標ランキングの下位をアフリカ諸国が独占していることを知り、素朴になぜアフリカに最貧国が集中しているのだろう？　という疑問を抱いたことからです。また同時に、世界で最も貧しく、大変なアフリカの開発に関わりたいと思うようになりました。２０００年に、ＮＧＯを通じて初めてケニアに渡航し、その後は社会開発援助に従事しています。私は、ケニアとタンザニアでの業務経験がありますが、慣習や人々の力関係など、最初は外部の人間にはわかりにくいことが多いのが、アフリカ社会だと思います。社交や交流といった表向きのフォーマルの場ではわからない人々の間での政治関係や思考、本音と建前が、仕事を通じて徐々に理解できるようになることが、私のやりがいにつながっています。

私が現在おこなっていることは、非行少年・青年の更生と非行や子どもの虐待防止を目的とするＮＰＯ法人ケニアの未来の立ち上げと、今年からケニアで本格的に開始する活動の計画準備です。

これに先駆け、任意団体として２０１４年にケニアの未来プロジェクトを設立し、日本から発祥し現在では世界の多くの国で導入されている保護司をキーパーソンとして、ケニアの地域社会の中で、子どもが更生できる仕組みづくりのパイロット支援を行いました。

本来、子どもに関しては、少年院や少年刑務所といった更生・矯正施設への送致は、最小限にすべきであり、最後の手段であるのに対し、ケニアでは空腹からの窃盗であっても、施設送致となる場合もあります。これは子どもの人権から言っても、改善されるべきです。

住民集会（ケニア・マチャコス）で話す著者

一方、施設の代替となるのは家庭であり、地域社会です。しかし、社会の中で、このような子どもたちとその家族をケアし、指導する制度や取り組みは極端に不足しています。「施設への送致は最終手段」と声高に叫ぶことは簡単だけれど、その代わりとなる地域社会での更生保護は注目もされず、被援助大国のケニアでも支援が乏しい分野です。
例えば、家計を助けるために小学校もろくに通わずに働き、働き先でのトラブルなどで、「罪を犯した」とされてしまう子どもたちを無視していて良いのでしょうか。彼らは、非行性も低く、どちらかというと福祉的な支援が必要な子どもですが、非行少年（犯罪者）になり、施設に送られた後は、本格的な犯罪に手を染めた少年と接触することでさらに反社会的な思考や態度が強まるリスクがあります。施設を出ても、社会復帰をサポートする制度や支援も少なく、社会的な疎外と差別に苦しみます。

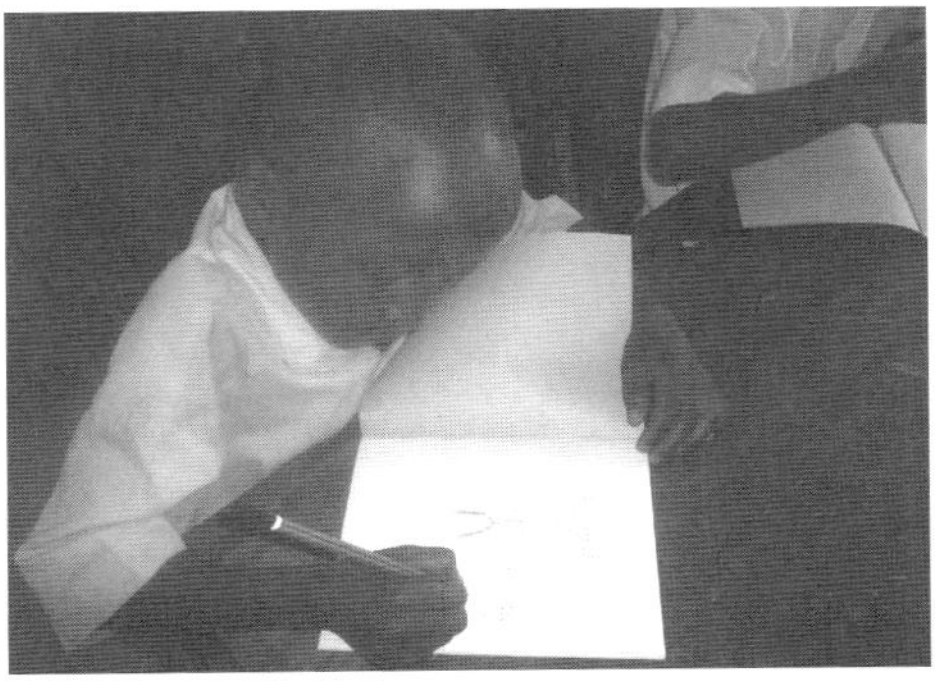
８歳の保護観察中の少年

このような子どもは元々貧しく教育も受けておらず、生産性の低いのだから無視していても、特に問題はないと考えるのは軽率で、長い目で見ると、非行の防止、地域社会の中で更生を図る取り組みは、ケニアの将来に関わります。

近年、ケニアでは若者の過激化が社会問題になっています。社会への不満・疎外感を抱えた子どもがギャング集団に入り犯罪行為を繰り返したり、学生がテロに関わる事案が多く見られています。また、２０１６年には、ケニア全国の１００校以上の寮制 Secondary Schools で生徒による放火事件が発生するなど、子どもの反社会的行為による治安の悪化は見逃せません。

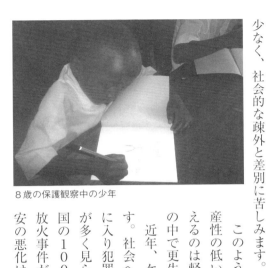

ケニアの保護司による少年たちへのライフスキル講座

治安問題は、あらゆる分野に影響する、最も根幹的な課題です。不安定な治安では、投資も躊躇され、ビジネスも展開できません。

子ども・青少年の健全な育成は、誰でも意義を感じるでしょう。ですが、非行少年となると、犯罪者をなぜ支援するのか、と認識が全く変わってしまうことがあります。しかし、ケニアの状況をよく見ると、非行少年も、保護が必要な子ども（被虐待児・遺棄児）も同じであることがわかります。同じような貧困、機能不全の家庭、様々な虐待が起こる環境から出てきています。同じ根源から生じた子どもたちであると言えます。

非行少年・青年を地域社会で支えること、彼らが更生し、社会復帰できる道筋を作る地道な活動が、国レベルの治安問題にも影響を与えると思います。

プロフィール

1973年、神奈川県出身。2000年からケニアやタンザニアなど東アフリカにおいて、青年海外協力隊やNGOで社会開発への協力活動に関わる。2010～13年、独立行政法人国際協力機構（JICA）の専門家として少年司法分野の職員研修プロジェクトに従事。このプロジェクトで、ケニアにおける地域社会内での非行少年・青年の更生・予防の重要性を痛感し、2014年ケニアの未来プロジェクトを設立。
法人名：特定非営利活動法人ケニアの未来
URL：http://kenyanomirai.org/

暗黒大陸と呼ばれるアフリカと私の活動のしかた

サイディアフラハ　荒川勝巳

私が中学1年の頃、社会の先生は「アフリカは『暗黒大陸』と呼ばれてる」と話してくれました。「実際はそうではなく、いろんな国があったり、たくさんの民族が住んでいるんだよ」とも。

『暗黒大陸』と言われる理由はアフリカに住む多くの民族が近代になるまで文字を持っていなかったこともあり、ヨーロッパ人にとって外国の他地域と比べ情報量が圧倒的に少ないためのようです。

もっとも私はアフリカが情報量が少ないので、逆に「どんな人たちが住んでいるのだろう」という興味がわいてきたし、きっと自分でも何かできそうだという可能性も見いだしました。

しかし、最近出あった日本の大学生も「アフリカはいまでも暗黒大陸と呼ばれています」と話したのを聞いて、事態が50年前と変わっていないことに私は愕然としました。

「アフリカ探検家が輩出した時代、ある探検家がアフリカの内陸部を歩きまわっていた時の

児童養護施設の子どもたちと荒川

こと。その彼は整然と耕されている畑を見て、『ここには自分と同じ文明人が住んでいるのだと確信した』というエピソードをケニアの英字新聞で読んだことがあり、私はこのエピソードが好きです。

この探検家は畑作業という知的行為をもって文明人であるかどうかをはかっていて、このはかり方は「文字を持っているかどうか」というはかり方よりも柔軟で正確だと思うからです。

私がしているケニアの子どもに対する社会福祉活動は「ケニア人は文明人であり、基本的には日本人と同じような生活を営み子どもを保護養育している」という前提からなっています。その上に立って、適当な保護養育者がいない厳しい境遇の子どものめんどうを見るからです。

幼稚園児への読み聞かせをする先生

ケニアにおいて社会福祉活動を実際おこなおうとすると、接している子どもたちの境遇をよく調べたり、ケニアの法律や一般常識を詳しく学ばないといけません。日本ではあたりまえと思われていることでも、ケニアではそうでないことが往々にしてあるからです。

そういうことで私のする活動を同等の立場で考え、批判やアドバイスをしてくれるケニア人が必要になります。

もちろん、ケニアの事情を考慮したうえで、彼らの意見より自分の意見が正しいと考えることがあります。その時はそのことを納得するまで彼らと話しあうことにしています。

これらのことを実行すれば、ケニアの子どもへ適切に接することができるようになるでしょう。

裁縫教室生徒の自作自演のファッションショー

私どもの団体は小さく資金も少なくその中でなんとかやり繰りしています。ですから、施設の子どもたちに経済的に豊かな生活を送らせられているとは言い難いです。しかし、それでも私たちは彼女ら彼らの尊厳を大切にして接しようと努めています。

プロフィール

1954年、新潟県出身。1985年ボランティアをしようと初めてアフリカに渡り、東アフリカのケニア、タンザニア、ウガンダを見て歩く。1993年、ケニアでケニア人2名とともに、子どものためのプロジェクト「サイディアフラハ」を立ち上げる。現在はこのプロジェクトで、児童養護施設、幼稚園・小学校、裁縫教室、縫製工房を運営している。
団体名：サイディアフラハ
URL：http://saidiafuraha.sakura.ne.jp/

アフリカの野生生物の問題はアフリカだけの問題ではない

国際NGO野生生物保全協会（Wildlife Conservation Society）、自然環境保全技術顧問　西原智昭

ぼく自身、もともと、アフリカと何か強いつながりや嗜好性があったわけではない。「人間とは何か」を知りたかったぼくは、人類学を通じて、それを探ることができるのではないか、それがぼくの大学院に入った最大の動機であった。それには人類の祖先に当たる化石人類の調査でも、自然界に強く依存した自然民族の文化人類学的な研究でもよかった。フィールド調査の場所も特にこだわりがあったわけではない。しかし、偶然にも機会を得た対象はアフリカに生息する人類に最も近い類人猿であった。当時あまり知られていなかった野生のニシゴリラの生態を明らかにすることで人類の進化の道筋を明らかからにする端緒とすることがテーマとなっただけであって、特にアフリカへの強い志向があったわけではなかった。

こうした事情で１９８９年以来、はじめてのアフリカ熱帯林の地で、生まれて初めての野外でのキャンプ生活、経験したことのない長期に渡る研究調査が始まった。初物尽くしではあったが、そうした生活は心身に不思議と馴染み、アフリカの熱帯林の中で長く住むことに特に支障は生じなかった。無論、容易でないことは少なくなかった。電気・水道はなし、病

気への危険性、虫の猛襲などあげれば切りがない。

　しかしその一方で、その熱帯林という自然環境の素晴らしさを体得し、森のガイドでもあった先住民族から多くのことを学んだ。やがて、ぼくは研究者の道を選ばず、現地で野生生物保全に従事していた国際ＮＧＯで働くことにしたのである。現実的に、そうした森林や生物は存続の危機に面していたため、研究者として特定の分野や動物種に限られた調査にとどまりたくなかったのである。特に、そこに生息するマルミミゾウの密猟は激しく、その目的であった象牙は、なんとわれわれ日本人の利用と深く関わっていたのだ。日本人として、何とかしなくてはならない。多くの日本人がこの遠いアフリカの地の現実を知るまい。そうした現地のホットな情報を、正確に、しかもオンタイムに適確に日本人に伝えていかなければならないと感じたのである。

　以来、アフリカでのフィールドワークを主としながら、日本人が日本人として日本人に対して、日本ではあまり知られていない日本とアフリカとの間に横たわる課題を伝えていくことを使命として、現在にまで至っている。アフリカ現地にて国立公園管理や生物多様性保全の分野で、研究者や国立公園管理者としてのコンゴ人の後進を育てつつ、アドバイザーとし

野生のマルミミゾウ

て当地国の政府をサポートしながら、日本に帰国するたびごとに何らかの形で、日本人に関わる保全の問題を日本人に知らせてきている。それは、象牙だけの問題ではなかった。ヨウムというインコの仲間の鳥のペット利用でもあり、熱帯木材の輸入、そして石油などの資源開発でもあった。日本では、多くの日本人が知らないところで、アフリカの自然界の産物を、その保全をも顧みずに利用してきたのである。

しかし、一方で、日本の伝統や文化にも目を向けなければいけない。ぼく自身はむしろ、人生の半分をアフリカで過ごしてきたからこそ、日本の独自のあり方や歴史などに素直にそして純粋に目を向けることができたのかもしれない。日本の自然界の産物利用には、そうした日本のユニークな文化や芸能が深く関わっているのである。その理解なしには、日本人としてアフリカの野生生物保全は十全には実施し得ない。たとえば、日本の伝統芸能である歌舞伎や人形浄瑠璃に使用される三味線では、その撥はマルミミゾウの象牙が使用されてきたのである。質の高い音を出すためにそうした特定の素材が歴史の中で選択されてきたのである。ここでは、人類の文化遺産を継続するべきなのか、あるいは地球上の自然遺産を守るべきなのかという、相対立する複合

象牙目的のために密猟されたマルミミゾウ

的な問題に目を向けなければならないのである。

若い方から、「野生生物の保全の仕事に携わりたいのです」という声をよく聞く。しかし、それは単純に動物が「好きだから」、「かわいいから」、「かわいそうだから」という動機だけでは決して成立しないことを強調しなくてはならない。むしろ、そうした感情的な思いが、人間と自然界の間に存在する問題を一層ややこしいものにしてきたのである。そうした対立は、「自然界のものの利用」を強調する人々と、「自然界のものの保護」を強調する人々との間に、大きな溝を生み出してきただけであったのだ。今後、保全の分野を目指す方々は、自然界や動物だけでなく、伝統や文化など人間の諸活動や社会をも考慮に入れた多岐にわたる広い視野での思考と活動が望まれるのである。

印章などに見られる日本での象牙利用

プロフィール

1962 年 1 月神奈川県藤沢市生まれ
1994 年 3 月京都大学大学院理学研究科博士後期課程（動物学専攻）研究指導認定
1989 年－ 1997 年コンゴ共和国にて生態学的研究など
1998 年－現在 国際 NGO（野生生物保全協会）のもとコンゴ共和国、ガボンなどの熱帯林地域で、研究調査、国立公園管理、野生生物保全等に関わる
団体名：国際 NGO 野生生物保全協会（Wildlife Conservation Society；
本部はニューヨーク）コンゴ共和国支部
URL：www.wcscongo.org

協力隊、歌手？　レアメタルトレーダー、そしてルワンダで起業

KISEKI CORPORATION LTD　山田耕平

アフリカとの初めての出会いは、２００３年12月、青年海外協力隊でマラウイに村落開発普及員として派遣されたときでした。電気も水もない村で農民グループを組織し、灌漑を普及したり、収入向上のためジュースを販売したりと活動しました。また、村で多くの方がエイズで亡くなっていくのを目の当たりにし、マラウイのトップミュージシャンとエイズ予防啓発ソングを作成し、自ら現地の言葉で歌い、その曲が現地でヒットチャート一位になりました。当時は国際協力業界でキャリアを積んでいきたいという夢を持っていましたが、現場で優秀な先輩や同僚たちを見て自分では到底太刀打ちできないと思い、ビジネスの世界で実力をつけて、いつかアフリカに戻ってこようと決めました。

日本に帰国後、ソニーのエピックレコードからマラウイでヒットした曲を日本でも出さないかと声がかかり、日本でＣＤデビューをすることになりました。２００６年8月から約2年間、日本中のアフリカや国際協力のイベントに呼んで頂き早稲田の大学院に通いながら芸能活動しました。残念ながら、日本ではヒットしませんでしたが…（笑）

マラウイで制作したエイズ予防啓発ソング「ディマクコンダ」のジャケット

２００９年1月にレアメタル専門商社に就職し、日本へのレアメタル安定供給のため、レアメタル資源買い付けに僻地傭員としてアジア、アフリカ、ヨーロッパと世界中を飛び回りました。時には日本の常識が全く通用しないアジア、アフリカの紛争地帯や反政府軍のボスとのタフな交渉したりと、エキサイティングな途上国ビジネス現場を経験しました。

２０１４年1月にシンガポール資本の鉱山会社に転職しました。会社のオーナーがシンガポールの大富豪で鉱山だけでなく、不動産、IT、ファッションなど様々な投資事業をしており、いつしか自分もアフリカで起業しようと決めていました。そこで、起業するなら自分の年齢的にも今がベストだと思い、妻とも相談して２０１６年６月に会社を退職し起業することを決めました。

２０１６年の8月に家族でルワンダの首都キガリに移住しました。アフリカ含め世界約50か国を仕事や旅行で訪れた結果、僕はルワンダを拠点に起業することを決めました。まず、

KISEKI ~Authentic Japanese Restaurant~ の集合写真

第一に今まで訪れた国のなかで最も安全な国の一つであったこと。特に家族で移住する場合、安全が一番重要です。またルワンダは、自分の専門であるタンタル、タングステン、錫と言ったレアメタルの有数の産地であることと、GDP約80億ドル、人口約1千2百万人と大企業が進出するには市場規模が小さいため、僕のような小さなビジネスマンでもチャンスがあると読みました。

現在は、キガリを拠点にレアメタルのトレーディング、日本料理店の経営をしています。今後は農業、不動産、IT、金融、観光などにも事業を展開したいと思っています。現在、オックスフォード大学のエグゼクティブMBAに毎月一週間ルワンダから通学しており、その仲間たちと一緒にルワンダファンドを設立する予定です。

アフリカ、ルワンダでの何よりのやりがいは、ソーシャルインパクトです。小さな資本でも社会へ大きな影響を与えるビジネスが創れるチャンスがたくさんあります。日本の成熟した社会と違い、アフリカはやれること、やらなければいけないことが山積みです、つまりビジネスチャンスがたくさんあります。一方で、日本では考えられないよう問題が毎日のように起こり、どれだけ準備しても物事が思うように進まず、何をやるにも時間がかかります。アフリカならではの商売上の様々なリスクや生命のリスクをいかにマネジメントし、現地のパートナーたちと信頼関係を構築していくかがサバイバルするうえで重要になります。

仕事をする上で僕は如何にして誰もやっていないことをやるか、を意識してきました。競争ではなく不確実な未知の世界への挑戦です。人がやらないこと、人が行かないところで勝負する。優秀な人たちとの競争に勝つのは非常に難しいからです。そして、何より今の自分は東京やシンガポールにいるより、ルワンダの方が世界を少しでも変えることができると信じています。

弊社では日本とアフリカの架け橋となりルワンダで未知の世界を一緒に切り開いて頂ける方、インターン生（最低1年以上）を募集しております。ご興味ある方は是非ご応募下さい。

プロフィール

マラウイで協力隊活動中に作ったHIV予防啓発ソングがヒットチャート1位を獲得し、現地にてスーパースターとなる。その後、日本でSONYエピックレコードから同CDを日本で発売。2009年よりレアメタル専門商社に入社、メタルトレーダーとしてアジア、アフリカを中心に世界中を飛び回る。2015年よりシンガポールの大富豪のもと数々の投資事業に関わる。2016年8月にルワンダでKISEKI CORPORATION LTDを起業。AMJ Groupルワンダ事務所所長。OXFORD大学Executive MBA在学中。
企業名：KISEKI COPORATION LTD
URL：https://www.kisekirwanda.com/

ケニアにおける「性活」実態から何が見えるか

大分工業高等専門学校講師　久保山力也

世の中に善悪のつきにくい問題は多々ある。ひとはそれぞれおかれた環境も状況も、成育歴も異なるから、どだい唯一の正解を決めることは不可能に近い。売買春の問題（本研究では売春を「性活」とよんでいる）も世界の議論を二分する。

調査は、ケニアの首都ナイロビ、東海岸の第2の都市モンバサ郊外で東アフリカ最大の「性活」タウンであるムトゥワパの2拠点を中心に、ケニア全土にわたって数年に及び実施された（継続中）。特に「性活」者はどのように紛争を回避しているのか、という点にこだわった。さて、あなたが「性活」者（つまり売春婦ないし売春「夫」）だとしたら、どのように紛争（研究上「紛争」とよんでいるが、トラブルのこと）を回避すべきであろうか。ケニアでは「性活」行為はれっきとした違法行為であり、日本とは異なり売春防止法に相当する法規はなく、刑法に処罰規定が置かれている（刑法上「重罪」とされている）。そこでまずは取締機関、すなわち①警察との紛争を回避する必要がある。次に、②客との紛争を回避しなければならない。客との紛争でもっとも多いのは“No payment”、つまり支払いの拒絶だ。もっ

ムトゥワパ市街地（メイン道路）

ともそうならないように「前料金」が当然の対応であるが、支払うつもりがない客は後で払うといいながら強引に服を脱がせたり、料金を電話で払う（ということがケニアでは可能）フリをしたりする。他にはレイプや輪姦（部屋に複数の男が待ち構えていて、交互にレイプされる）、ゴム無し射精による妊娠などを経験している「性活」者は多い。また、蹴る殴るなどの暴力はつきものである。もちろんこうした被害にあったところで、警察にいくわけにはいかない。ただ、「性活」初心者の場合と逆にベテランの「性活」者は、警察に訴えることもある（それぞれの結果はご想像にお任せする）。他に、紛争の相手方として、③タクシードライバー、④ガードマン（〝Watchman〟といわれている）、⑤複数の女性を管理するオーナー、⑥「性活」の交渉場を提供するナイトクラブ、⑦「性活」の実践場を提供するロッジなどがあり、それぞれ対応の作法が一定程度存在している。多くの場合、有効な紛争回避の手段は賄賂か性的役務の提供である。ただ、後者は前者の「無料オプション化」されることも多い。賄賂の額やタイミングにもテクニックがある。これをしくじる（という言い方も変だが）と、逮捕から拘留、懲役と「自然に」つながっていく。裁判でもうまく自己弁護できない場合、刑期は信じられないくらい重くなる。実際、ヒアリングに応じてくれたある女性は、裁判官の質問に的確に答えられずに10年の懲役刑を受けたと回答した。この世界でも「弁が立つ」ことは重要なのだ。

ナイトクラブ“KENDAS”

「性活」者同士のギルド的ネットワークも地区ごとに多く存在しており、危険な客の情報交換や地方（ときにウガンダやタンザニアにも）遠征をともにしている。逆に、暴力団（ケニアには数百万といわれているが、貧困層の自助組織的性質が強い）の組織的な関与は調査の限りほとんどなく、昔に比べ彼らの資金源に占める「性活」の割合は相当低下していると思われる。これは世界的潮流である。ケニアばかりではないが、彼女たちが願うのは安心安全な「性活」環境である。100問はある調査票の最後の質問は、「生まれ変わるならまた女性がいいか、男性がいいか」――。この問いに、95%の回答者は「女性」と回答する。ケニアで男性として生きてくのは大変だ。社会的責任も大きいし、

ムトゥワパ住居地区

何より食べられなくなった場合、体を売ることができない――。アフリカは「カオス」と表現されることが多いし、「性活」の世界はなおのことそう思われがちだ。しかし、ひとがなんとか生きているところには、当然にルールも作法も存在する。私たちのそれが正しく、洗練されていて、彼らのそれが間違い、粗野であるとは私には思えない。ひとは、そうした判断を下すべきではないのだ。自戒の意味もこめて、アフリカを単に「ラスト・フロンティア」と考え、われわれの価値観をベースに彼らの作法をないがしろにすると、必ず失敗する。アフリカ社会との対話は生半可な覚悟ではできないが、確かに何かを見出し得る。

プロフィール

1974 年、福岡市出身。九州大学大学院基礎法学専攻博士後期課程単位取得退学。教育学修士、法学修士。専門、法社会学。韓国・釜山大学校法科大学に留学後、早稲田大学法科大学院、九州大学法学研究院、青山学院大学法科大学院、ウズベキスタン・タシケント法科大学での勤務を経て、現在大分工業高等専門学校に所属。中学校、高校、大学、専門学校等教歴多数。韓国、ケニア、ウズベキスタンをフィールドとした研究活動を行っている。

アフリカと私の26年間の歩み

モリンガの郷　代表　藤井千江美

1991年、偶然の出会いと出来事でサハラ砂漠を縦断し、旅人として西アフリカの国々を訪れたのが、アフリカと私の最初の出会いでした。それから26年間、アフリカと私の関係は、旅人から6年間の南アフリカでの旅行会社勤務、40歳で看護師になってからは保健医療従事者として、そして現在ブルキナファソの小さな村で行っている活動へと続きます。

「アフリカは汚い、怖い、虫や病気がいっぱい」というイメージしかなかった私は、唯一アフリカで関心があったサハラ砂漠縦断後すぐに当時在住していたスイスに戻る予定でした。しかし縦断後も3週間西アフリカ諸国を旅した私は、去る時になぜか後ろ髪が引かれる思いになりました。半年後に再び西アフリカを訪れましたが、今日生きるのに精一杯の人たちが住む国々を旅している自分が恥ずかしくなり、思い切ってブルキナファソとガーナの山間の村で長屋の一角を借りて住みました。周囲の人々に助けられながら、草むらで用を足し、電気はなく水も川から運ぶ生活。頻繁に起こる下痢と暑さに、私には3ヶ月が限界でした。人々の心の温かさに触れる一方で、暮らしの厳しさや保健医療事情のひどさを知り、いつかアフリカで保健医療活動をしたいという思いが芽生えました。

しかし、スイスでの仕事を終えて帰国した29歳の私は、3年間学校に通い看護師を目指す勇気も覚悟もありませんでした。そして南アフリカの旅行会社での仕事が決まりました。しかし6年間の滞在中も保健医療への思いはますます強くなり、「体力・気力ともに35歳の今が最後のチャンスだ。このまま行くと必ず後悔するときが来る」と思い、仕事を辞めて帰国し37歳のときに看護学校に入学しました。

40歳で看護師となり1年間の病院勤務後、イギリスで熱帯医学の勉強をし、アフリカの医療現場を自分の目で見たいと思いケニアに飛びました。そして5週間、ケニア人の看護師とともにHIV/AIDS患者の在宅看護や、中学・高校でのエイズ予防教育に参加しました。このケニアでの経験がきっかけで、アフリカで保健医療活動をしたいという漠然とした思いから、HIV/AIDSの活動に携わりたいと焦点が絞られていきました。

モリンガ農園で働く女性たち

帰国後、病院に勤務しながらＮＧＯのエイズ関連のプロジェクト１０件以上に履歴書を送りましたが、経験が少ないということで書類審査さえ通りませんでした。しかし諦めずに応募し続けた結果、ＪＩＣＡシニア海外ボランティアとしてボツワナにエイズ対策で派遣されることになり、ようやくアフリカでの保健医療活動に一歩踏み出すことができました。その後、ＪＩＣＡ専門家としてシエラレオネで3年間保健プロジェクトに携わることもできました。

作業風景

シエラレオネでは、多くの支援を受けていても特に農村部では20数年前と変わらない多くの貧しい人々の生活があり、援助の仕方によっては依存心を増加させるケース、そして仕事がしたくても仕事がない現状にも気づきました。そこでその国にある資源を使って、一方的な援助や寄付ではなく、地元の人々が経済の基盤を築き自立していけるような地域産業を、地元の人々と一緒に作り上げていきたいと思いました。そして２０１３年から本格的に、ブルキナファソで村の酋長たちと一緒にモリンガ農園・工場を作り、村の人たちに少しずつ仕事の場を提供する活動を行っています。モリンガの木は、現地の言葉で「アルザン・ティガ（天国の木）」と呼ばれ、昔から地元の人々にも親しまれています。葉に豊富な栄養が含まれており、農園で育ったモリンガからモリンガ商品を製造し、そして地元だけでなく近隣諸国や日本でも販売を始めました。今後は、地元の小学校や診療所と協力して、子どもたちの栄養改善の活動にも取り組んでいきたいと考えています。

農園に遊びに来る子どもたち

地元の人々の中に飛び込むことで、多くの学びや気づきがあり変わっていった私のアフリカへの関わり、そしてその根底にはアフリカの大自然とそこに住む人々が好きという気持ちがあります。まずは、自分が好きな地で関心があることに飛び込んでみてはどうでしょうか？　そこからきっと何かが見えてくると思います。

プロフィール

1963 年生まれ、奈良県出身。早稲田大学中退後、国内、スイス、南アフリカの旅行会社に勤務。2000 年看護専門学校に入学。03 年三重大学医学部付属病院に 1 年間勤務後、イギリスで熱帯医学を学ぶ。05 年～ 07 年 JICA シニア海外ボランティアとしてボツワナでエイズ対策、08 年～ 11 年 JICA 専門家としてシエラレオネで保健プロジェクトに従事。12 年大阪大学大学院人間科学研究科に入学し、修士課程修了。

企業名：モリンガの郷

URL：http://moringanosato.com/

〝ボランティアの父〟との出会いがきっかけ　定年後にケニア・ウガンダで日本語を教える

阿南工業高等専門学校名誉教授　青木茂芳

徳島県の四国大学で教鞭を執っていた私は、65歳で定年になるや否や、すぐさまアフリカの大地に足を踏み入れました。大学では英語の教授であったこともあって、TOECのテストは990満点のところ975点で、すぐさまJICAのシニアボランティアに採用されたのです。

なぜ定年後にアフリカなのかと言いますと、かつてキャリアアップのために行ったイギリスの応用言語学センターでたまたま知り合う機会を得てご自宅に招待されたり、論文を翻訳したりしたアレック・ディクソンさんの影響です。1950年代、世界で初めてのボランティア活動の育成と支援の専門推進機関を英国に創立し、若者をアフリカへと派遣する仕組みを世界で初めて作った人です。国連での基調演説を聴いたアメリカのケネディ大統領が感動し、自国にPeace Corps（ピースコア／平和部隊）を創設しました。日本でもそれを手本に青年海外協力隊の前身が作られたのです。アレック・ディクソンさんとのご縁で、その後もずっと心のどこかにアフリカに行きたいというのがあって、定年後にそれを実現させることになったのです。

私が最初に派遣されたのはケニアのエガートン国立大学でした。首都ナイロビからシマウマが駆け抜けるような大地をバスで走った先のNjoroという都市にあります。日本語教授として赴任しました。ケニアでの任期は2年となっていたのですが、大統領選挙が暴動・内乱に発展し、国内が大混乱したことで、帰国命令により任期を1年残してケニアを後にすることとなりました。

現地の村人たち

そして、帰国後すぐにＪＩＣＡからウガンダに行かないかという誘いがあり、任期2年でマケレレ大学に同じく日本語教授として赴任することとなりました。マケレレ大学はイギリス植民地時代の１９２２年に設立されたアフリカでも歴史ある大学で、多数の独立後のアフリカの指導者の出身校でもある東アフリカのオックスフォード大学と言われる現地の名門大学です。

ウガンダに行って感じたのは、ケニアとウガンダは隣国であってもこれだけ国民性が違うのかということです。ケニアの人は厳しい独立戦争を経験したこともあり、厳しい気質を持っているように感じました。良く言えば真面目な印象ですが、悪く言えば何か隙がないかという目つきで歩いているように見えました。ウガンダはニコニコしながら寄ってきて、「中国人か、韓国人か?」と聞いてきて、「日本人だ」と答えるとさらに尊敬と親しみの表情へと変わります。彼らにとって、日本は小さな国なのに先進工業国で、戦争をしない平和な国という印象で、日本人は凄いという印象を持っているようです。確かに現地では日本製品の値段は2割から3割ほど高いです。それだけ信頼があります。

もし、現地で商売をするとしたらケニアでやりたいと思いました。それはケニア人は厳しい気質と述べましたが、期日はしっかりと守ります。ウガンダではそうはいきません。マケレレ大学は国立の名門大学ですが、それでもいい加減な学校運営が行われており、例えば試験の採点が送れて卒業が延期になるということもありました。

折り紙教室

学生の雰囲気も大きく異なり、ケニア人の学生は、早く語学をマスターして日本の企業で仕事をして家族を支えたいと考え、熱心に勉強します。ウガンダは内陸の国ということもあり、日系企業はもちろん外国企業の数が少なく、日本語を勉強する学生は、日本に行って日本人女性と結婚したい、あるいは日本の漫画を読みたい、といった大らかな感じです。

帰国後は、徳島県で定年退職した人にこれまでの経験を国内外で生かしてもらいたいという思いから、公民館で英会話教室

現地で結婚式に出席したときに撮影

をやっています。また、教師をしている大学教授時代の教え子から最近の中学校では塾に行かない生徒は大変な目にあっているということを聞き、週に一度、児童養護施設で英語を教えています。

アフリカとの関係では、日本で学びたいケニアやウガンダからの留学生の住居の提供なども行っていきたいと考えています。アフリカからの留学生にとって最も大変なことの一つが住居を確保することです。そこのところで少しでもお役に立ちたいと考えています。

日本からアフリカに行こうとしている人にとってアドバイスするなら、上から目線にならないことです。確かにアフリカでは日本の物質文化とはかけ離れてはいますが、人と人との関係はどこの国でも同じです。等身大で向き合っていくことで、すぐに心と心が通じ合うことでしょう。

プロフィール

1941 年生まれ。徳島県阿南市出身。阿南工業高等専門学校　名誉教授、アメリカ合衆国バルティモア市　名誉市民、元四国大学英語文化学科　教授
著書『アフリカの真珠―ウガンダ 』（教育出版センター）、『小さな目を通して』（教育出版センター）、『英語キャッチコピーのおもしろさ』（大修館書店）、『ジーニアス大英和辞典』（執筆校閲）

アフリカでの経験は日本の地域開発に役立つ

株式会社きとうむら　常務取締役　中川公輝

コンピュータソフト会社に勤務していた私が、1990年に青年海外協力隊というJICAボランティアでマラウイ共和国へと2年間行くことになりました。システムエンジニアとして天然森林資源省に派遣され、マラウイ湖の水産データをコンピュータ管理するため、現地の政府職員にコンピュータの技術指導を行うのが目的です。

その後、WFP（国連食糧計画）からJOCVマラウイ事務所にボランティアの派遣要請があったことから、任期を1年延長して緊急旱魃災害対策部へ配属先を変更して活動することになったのです。ここではコンピューターの管理のほか、各国から届く援助食料データ管理、被災民登録、食料配布監視等の国連の仕事を経験しました。この仕事は、通常の隊員活動とはまた違った国際的な職場での仕事となり、非常に貴重な経験となりました。

青年海外協力隊の3年の任期を終えたあとは、そのままマラウイに残り、約4年を過ごしました。1993年からの3年間は、JICAマラウイ事務所で公衆衛生プロジェクト調整員として活動しました。1998年から同じくJICAマラウイ事務所で、プライマリーへ

中川公輝

ルスケア強化計画調査団調整員（期間中、約4ヶ月毎に日本と現地を往復滞在）として活動し、国際医療開発と計画作成、開発事務所運営管理、ＯＤＡなどに携わりました。

マラウイは東アフリカの内陸、標高１０００ｍ地帯に位置し、世界の経済指標では下位10位以内という貧困国に分類される後発開発途上国です。それでも国民性は穏やかで、紛争もなくアフリカの中で最も平和で治安も良い国の一つとされています。

しかし、医療や生活、交通などの環境は劣悪で遅れており、高い死亡率の要因は、交通事故、マラリア、エイズ、コレラ、赤痢などです。我々、健康な日本人でも油断すると過去40年内には14人もの日本人青年海外協力隊員が活動中に亡くなっているほどの国でもあります。私自身もマラリアに罹り高熱で寝込んだことは三度ほどあり、非常に苦しい体験をしました。下痢や皮膚病、毒虫なども日本では経験しないものばかりで大変でしたが、異文化で日本人にはない明るさの現地の人々との仕事や交流は新鮮で刺激も多く、得ることの大きい経験となりました。

生活では、マラリアに罹らないよう肝臓に負担のかかる予防薬を毎日飲むほか、虫よけスプレー、蚊取り線香、網戸、蚊帳は必需品で、暑い中で長袖の衣類も欠かせません。マラリアは本当に厄介で恐ろしい病気です。他の熱帯病もそうですが二度とかかりたくない病気です。

その他の苦労としては、今ではさすがに携帯電話も普及しているようですが、固定電話ぐらいしか通信手段がなく、それも雑音が多くて雨期にはよく不具合に見舞われる質の悪いものでした。地方赴任者は通信を無線機に頼るしかない状況だったのです。テレビ放送がない国で情報入手手段はラジオか現地英字新聞しかなく、日本の家族が送ってくれた新聞や雑誌は、数週間遅れで到着してもそれが楽しみで、むさぼるように読んだものです。

水産局でコンピュータの指導を行った

今の時代と違ってこのような通信手段が限られた環境であると、自然と生身の人間同士でのアナログなコミュニケーション能力が試されます。そして通信に費やされる時間が少ないということは、それだけ現地の人とのふれあいの時間が増え、意思伝達能力、理解能力はいやがおうでも上達していったのです。何とかして生活が単調にならないよう友人たちに昼夜問わず危なくない場所を教えてもらい、いい場所を見つけては積極的に出かけていくことで、人間だれもが持っている基本的なコミュニケーション能力を伸ばすことができたと思っています。

アフリカで7年過ごしたあとに、約2年半、JICAスリランカ事務所で青年海外協力隊事業と現地調整業務を行っていましたが、帰国後は、故郷の徳島県・那賀町木頭地区にある食品加工会社きとうむらに就

赴任時に撮影したマラウイ子供たち

職し、現在は常務取締役として、経営全般にかかわっています。

開発途上国での日本の技術協力による地域開発は、日本の過疎地や地方における地域開発の手法とよく似た面があります。今いる会社は山村地域の活性化を目標に掲げており、高い品質で有名な「木頭柚子」を使った加工品を製造し、国内だけでなく海外の販路も開拓しています。そういった商品販路開拓において隊員時代に養ったコミュニケーション力と地域開発のノウハウは、非常に役に立っています。

プロフィール

1962年生まれ、徳島県出身。1986年に大学経済学部卒業後、コンピュータソフト開発会社に勤務。90年、協力隊に参加。マラウイの天然森林資源省でマラウイ湖の水産データをコンピュータ管理するため、現地スタッフにコンピュータ技術の指導を行う。また、任期延長して国連食料計画（WFP）の緊急旱魃災害対策部でも活動。93年に帰国後、再度マラウイでJICA技術協力プロジェクトの調整員、またJICAスリランカ事務所の企画調査員（ボランティア事業）などとして活動。2011年より株式会社きとうむらに勤務し、14年より常務取締役。
企業名：（株）きとうむら

ガーナ最果ての地　カンジャガ村に学校建設

任意団体「NPO学校をつくろう」代表　堀田哲也

私は島根県の隠岐の島にある海士町というところで野菜農家をしながら、ガーナの北部に位置するカンジャガ村というところで学校を建設し、運営しています。

何故そんなことをしているのかと言うと、一つは小学生の時に、ノーベル平和賞を受賞されたドイツの医者「シュバイツァー」の伝記を読み、アフリカに病院を建てて人を助けるストーリーに感動して、自分もそうなりたいと夢を描いたからです。そして、もう一つは恩返しです。私自身が日本の中では金銭的に厳しい環境の家庭に育ち、奨学金で学校を卒業したのですが、オーストラリアに滞在していた時に原住民アボリジニの生活ぶりに触れて「世界には奨学金の制度さえ使えない（又は制度自体がない）学びたくても学ぶことが出来ない子供達がたくさんいる」という事に気付きました。その時、自分が日本という恵まれた環境に産まれた事へ感謝の気持を持つと同時に、自分が受けてきた奨学金の制度や母親をはじめとした恩に対してお返しをするべきだという想いがこみ上げてきました。そして、具体的にどう返すのかを考えた時に、この日本の恵まれた環境（≒豊かな生活）というのはどこから来

ガーナで建設したアマチャ幼稚園の校舎

ているのかという事を突き詰めて考えました。日本の豊さの主要な源泉は貿易による黒字。その実態を考えると、主に日本よりも発展が遅れている国から原材料を出来るだけ安く輸入し、製品化したものを出来るだけ高く輸出して貿易黒字を出している。その良し悪しは別として、私が奨学金制度で学校を卒業できるという事は、途上国と言われている国が日本に対して貿易赤字を出しているからという要因も大きいのだと思うようになりました。

　そうであれば、この恩は日本が貿易黒字を出している発展の遅れた国に返すのがいいと思い、中でも人が中々選ばない、そして私自身の夢であったアフリカをターゲットにして学校を建設し、学びたい子供達が学べる環境をつくろうと思い立ちました。

　そう思い立ったのはいいのですが、大学生だった私は具体的にどうしようかと悩みました。社会人経験もアフリカも学校建設も運営も未経験者だったので、ひとまず途上国での経験を得たいと思い青年海外協力隊を受けましたが不合格でした。そのため「仕事に就いて奨学金を返済しながら社会人の勉強をして、お金を貯めて自分の力で学校を建てよう！」と思い、給料が高いパチンコ業界で12年仕事をしました。

その後会社を退職し、日本語教師の資格を取得し、3度目の正直で青年海外協力隊に合格しました。派遣国は希望していたアフリカの国、ガーナでした。隊員としての任務は「パソコンの先生」でしたが、その任務と同時進行で個人活動として学校建設を進めました。

アマチャ幼稚園開園式

ガーナでの学校建設やビジネスは非常に独特で、日本の常識は通用しません。近い感覚で言えば、田舎の集落のような環境です。お金よりも信頼、書面よりもコミュニケーションが優先されます。具体的な話をすると、ガーナの田舎で何か事業やプロジェクトをはじめようと思った時に、真っ先にすべきことは、村長への報告と相談です。それがないとだいたいうまくいきません。逆にそこをしっかりやると結果的に村人の協力を得ることが出来ます。私は実際にカンジャガ村の村長と密にコミュニケーションを取ったおかげで、学校建設に使う土地（後に農業用地も）を無償で提供してもらい、学校建設をする為の人手も提供してもらいました。
そうして2017年3月現在、アマチャ幼稚園は運営2

カンジャガ村の子供達と

年目となるのですが、学校建設の最終的な目的は自立運営です。その為、農業、輸送業、ネットカフェ等のビジネスも始め、ビジネスが軌道にのった時点で、自立運営に切り替える予定でいます。

また、学校を建設しただけでは教育は普及しないという事にも気付かされました。ある程度の家庭の収入がないと、子供を学校に通わせることが難しいからです。その為、日本に帰国後野菜農家となり農業を学び、日本とガーナを行き来しながら農業技術の支援もおこなっています。

「諦めずに前に進めば夢は必ず叶う！」を合言葉に、アフリカ53ヵ国すべての国に学校を建設し、子供の夢の選択肢を増やしていきたいと思います。

プロフィール

1975年北海道生まれ。高校卒業後に自立のため単身東京に発ち、新聞配達をしながら浪人して多摩大学に合格。同大学在学中に１年休学し、オーストラリアに7ヶ月ワーキングホリデーで滞在。帰国後就職活動を経てパチンコ店に12年勤務。退職後に札幌国際日本語学院で日本語教授法を習得し、その後青年海外協力隊に合格し、ガーナへ２年間派遣。派遣中に学校を建設し、帰国後も学校を運営しながら島根の離島海士町で農業に従事する。
団体名：任意団体「ＮＰＯ学校をつくろう」
URL：http://www.school-project.org/

ケニア HADASHi プロジェクト

日本ベアフットランニング協会　理事長
吉野　剛

裸足RUNとの出会い

アメリカの大学院で運動分析を専攻していた頃、ある実験がきっかけで裸足ランニングと出会いました。裸足で走ると身体の動きが変わり、膝などへの負担を減らせることを知りました。このことを一人でも多くの人に広めたいと思い、帰国後に日本ベアフットランニング協会を設立し、国内外での普及活動を始めました。裸足の動き・走り方を突き詰めるにつれ、陸上長距離で世界最強と言われる〝ケニア〟に興味を抱くようになりました。ケニア人ランナーの強さの秘密を探るべく、２０１６年3月、現地へ赴きます。

ケニア

ケニアでは、幼少期に裸足で野山を駆け回り、中には20キロ近く走って通学していることなどが、ケニア人ランナーを強くする要素のひとつと言われていました。しかしいざ行ってみると、裸足の子供達を見ることはなく、多くの子供達がスクールバスで通学していたのです。走る動きもインターネットで見ていたような軽快な動きをする子供達はほとんどおらず、ショックを受けました。私が見ていた情報はすべて一昔前の話で、ここ10年でケニア人ランナーの育つ環境が急変していたのです。

著者近影

使い捨てのランナー達

マラソン大国のケニアでは、ランニングが大きなビジネスになるにつれ、選手を取り巻く環境が著しく悪化していることを知りました。ケガしたら終わり。ケガが怖くて、エリート選手でありながらできるだけ厚底のシューズを履くようになり、その結果、動きが悪くなりケガをしやすくなってしまっていたのです。貧困から脱出するためのランニングが、さらなる貧困を招くという悪循環を目の当たりにしました。

「ケニア人よ、HADASHiで目を覚ませ！」

ケニア人の強みであったはずの、裸足で鍛えられた強靭な足腰を土台としたランニングスタイル。私を突き動かしてきた裸足RUNへの恩返しとして、さらにはケニア人が貧困から抜け出す手助けとして、この地で何かできないか。その想いが、裸足RUNを取り入れた自給自足のランニングキャンプとして形になったのです。

ナチュラルランニング教室

ケニア人ランナーの強さを見るためだけに3週間滞在して帰国する予定でしたが、滞在中にトレーニングキャンプを設立することを決め、その7か月後の2016年10月に〝HADASHi Running Camp〟をスタートさせました。選手の栄養面を充実させるため農地と牧場を併設し、さらには日本からプロの料理人と身体のメンテナンスのための治療家を招きました。この施設を自給自足にすることで、キャンプ自体の運営費を抑え、レースの賞金やスポンサーの斡旋でランナー自身がしっかりと稼げる仕組みを作りました。

さらに、通常はエリートランナーだけの閉ざされた場所であるランニングキャンプに、海外の選手や一般ラン

ケニア HADASHi プロジェクト

ナーも受け入れ、ケニア人ランナーと同じキャンプ生活が体験できるようにしました。

その他、裸足レースなどの開催、アスリート食堂の開設、グッズ販売なども選手と一緒に運営をすることによって、今までにない新しいランニングビジネスを展開しています。

このキャンプの特色は、裸足でのトレーニングだけでなく、自給自足の生活や選手自身がキャンプ運営に関わることによって様々なビジネスの知識を身に付け、「生きる力」を学ぶための学校としての役割を担うことにもあります。

プロフィール

日本における裸足 RUN の第一人者であり裸足走法の研究者。2010 年に日本ベアフットランニング協会を立ち上げ、日本、ケニア、オーストラリア、中国、香港、タイ、シンガポールなどで裸足ランニングの講習会や講演会などを行っています。『Wall Street Journal』の表紙や日本経済新聞の全面記事で取り上げられ、またNHK「あさいち」や「おはようにっぽん」に出演するなどテレビや雑誌、ラジオ、各メディアからも注目されています。『裸足ランニング ！ ベアフット・ランナー の実用書～（ベースボール・マガジン社)』や『裸足感覚ランニング』（洋泉社）などを執筆。
団体名：日本ベアフットランニング協会
URL：hadashirunning.jp　hadashi-world.com

間近に見る発展するアフリカ

国際協力機構（JICA）ニジェール支所長　山形茂生

37年前にケニアのナイロビ空港に降り立ったのが、アフリカに足を踏み入れた第一歩でした。当時のナイロビに今のような混雑ぶりは想像できず、空港から街までの道両脇は原野で、近づくにつれ高層建築が2本だけ（ケニヤッタ・コンファレンス・センターとヒルトンホテル）徐々に大きく見えてきました。

元々は、サハラ砂漠の近くの村で暮らしてみたいと思ったのがきっかけです。当時西アフリカに青年海外協力隊が派遣されているのはガーナだけで、砂漠ではないけれど近いからと、理数科教師に応募しました。結果はケニア派遣での合格で、多少は迷いましたが、地続きだから気持ちぐらいは味わえるだろうと、赴任を決めました。

当時は独立後20年が経とうとしていた時です。アフリカ諸国は東西冷戦のせめぎあいの中で、軍事独裁政権にある国、クーデターが頻発する国など、不安定さの中で揺れていました。ケニアは比較的穏やかな国でしたが、私の滞在中に一度クーデター未遂事件が発生しました。携帯電話などなく、有線電話は普及しておらず、協力隊員自身がリレーでバイクを使って走り回ることで、安全確認をとりました。

その後国際協力事業団（ＪＩＣＡ、現国際協力機構の前身）職員となり、大半の期間でアフリカを担当しました。憧れの西アフリカには、90年代後半にコートジボアール、２０００年代にナイジェリアに赴任できました。コートジボアールは、１９９４年のＣＦＡフラン切り下げの直後の赴任で、海底ガス田開発が進み、これから経済が発展するという希望に満ちていました。私の帰国直後にクーデター、そして内戦へと発展するとは、誰も想像していませんでした。内戦が終結し、以前以上のスピードで経済発展している現在を、感慨深く眺めています。

ケニア、ナイロビの高層アパートとスラム（JICA 写真提供）

ナイジェリアは、独立後に凄惨な内戦を経験し、軍事独裁、クーデターが繰り返されただけでなく、汚職や詐欺の悪名も高く、アフリカで行きたくない国の一つでした。だが１９９９年の民主化を境に活発な動きが気になりだし、人事の調査で赴任希望先に挙げ、見事（！）希望が叶いました。２００２年のサッカーワールドカップの直後のことで、ナイジェリア選手団をキャンプ地に迎えた平塚市まで評判を聞きにいったりもしました。皆紳士的だったと聞いて、申し訳ないが意外に思いました。私の任期中は、選挙で選ばれたオバサンジョ大統領の第2期目に当っており、国内統一・民族融和を目指して、紛争の素は早目に摘む方針を取っており、明るい将来を感じていました。残念ながら、私の帰国後の2回の大統領選挙では求心力を持った人物は現れませんでしたが、現大統領は少なくとも治安と汚職撲滅に力を入れて成果を出し、今後の経済面での成果に期待しています。

コートジボアール、政治的首都ヤムスクロの聖堂（JICA写真提供）

90年代初頭まで東西冷戦の舞台として両陣営からの後押しがあったが、冷戦終結により世界のアフリカに対する関心が薄れかけました。そこに日本政府がＴＩＣＡＤを呼びかけ、第5回からは民間も巻き込み、第6回は初のアフリカ大陸での開催となり、積極的に投資に参加する日本民間企業も増えています。各国では携帯電話が普及し、道路や電力といったインフラも発展途上にあり、生産活動も多様化が進み、過去と比べて経済の発展は目を見張るものがあります。

その一方で、２０１5年1月から5月まで過ごしたブルンジのように、発展に乗り遅れているところもありま

ナイジェリア、地方電化施設引渡式でのオバサンジョ大統領（当時）

す。東アフリカ共同体の一員でありながら、国内に政治問題を抱え、周辺諸国や国際社会からの調停には消極的で、それが経済発展の遅れにもつながっています。ブルンジ人が頑迷固陋かというと、決してそうではなく、勤勉な性格の持ち主であることから、いずれは政治問題が解決して国を挙げて発展に力を入れてくるだろうと思います。

現在滞在しているニジェールも、人々は勤勉で、今後の発展を期待しています。残念ながら、地下資源がウラン以外未開発であることと、内陸にあること、サヘル地域で気候が厳しいこと、フランス語圏という情報流通上のハンディがあることから、経済的には後れを取っています。勤勉性という国民性を人材育成につなげ、自ら発展していく力を付けられるよう、協力を進めていくつもりです。

プロフィール

1951 年　大阪府生まれ
1980 年　青年海外協力隊でケニア派遣
1987 年　国際協力事業団（JICA）入団
2016 年　3 月より　JICA ニジェール支所長
法人名：国際協力機構（JICA）
URL：https://www.jica.go.jp/

母と子に寄り添う病院づくり――中央アフリカでの人道医療援助活動を通して

国境なき医師団　看護師　菊地紘子

アフリカで看護師として働くことは、小さい頃からの私の夢でした。アフリカの紛争や貧困、食糧危機のニュースをみて、同じ地球なのにどうして？　困っている人を助けたい、と思ったのがきっかけです。人びとの命を守る医療の分野で、医師をサポートする看護師の姿に憧れ、看護の道を志願しました。

看護学校で基礎を学び、地域保健を学ぶために大学へ編入しました。在学中、サブ・サハラアフリカ（サハラ砂漠以南のアフリカ地域）において妊産婦や新生児・小児の死亡率が高く、母子保健のニーズが特に高いことを知り興味を持ちました。この地域はフランス語圏の国が多いため私はフランス語を習い始め、母子保健分野で活動するために、小児科や新生児科で臨床経験を磨きました。

下積みを経て、30歳になってやっと、青年海外協力隊の保健師としてフランス語圏アフリカのベナンに行くことに。夢が叶ってアフリカで母子保健活動をすることに、とてもやりがいを感じていました。しかし、アフリカにはもっと医療の届かない国や地域があり、母子の

チャド国境の地域診療所へ薬剤配給、診療所スタッフと

命が失われています。そこで、より緊急性の高いニーズのある国や地域、最前線へ向かうため国境なき医師団（以下ＭＳＦ）に参加することを決め、一員となりました。そして最初に派遣されたのが、中央アフリカ共和国。

当時の中央アフリカは、２０１３年末より武装勢力による暴動・民家襲撃・性暴力などが起き、不安定な状況が続いていました。臨時政権が発足し、国連軍・フランス軍が安全保持に努めてはいますが、常に危険と隣り合わせの状況。治安悪化のため、住民たちは恐怖で医療施設に行くことができず、またはたどり着いても貧困のため薬代が払えない、さらに医療施設側も不安定な流通により薬剤が配給困難となり、薬不足で治療ができないという悪循環に陥っていました。

ＭＳＦは保健省をサポートするため、地方の公立病院と地域診療所を管理管轄し、運営や資機材・薬剤の配給を担っていました。ＭＳＦが提供する医療は、全て無料です。治安状況が許せば、住民たちは最寄りの診療所で受診し医療を受けることができます。私たちは地域診療所に対して月１回の定期的な薬剤配給と緊急時の追加配給を行い、帝王切開等の重症例は搬送手段を確保し公立病院へ搬送していました。不安定な社会情勢下でも、人びとの暮らしや生活は続きます。地域住民や国内避難民の健康を守りサポートすることが求められているのです。

私は駐在していた公立病院で、主に看護ケア全般と、病院・地域診療所への薬剤配給業務を担当していました。地方から搬送されてくる場合を含め緊急帝王切開が多く、新生児蘇生が必要となる機会が多いため、現地スタッフに対して新生児蘇生法の研修を開きました。また、保育器がない環境でも未熟児や低出生体重児を救命することができる、「カンガルーマザーケア」も取り入れていました。これは、おむつと帽子だけを着用した未熟児を母親が胸元で抱っこして、肌と肌が直接触れ合うようにするケアです。また、チューブを通してミルクを注入する際に母親の乳房を赤ちゃんの口に含むケアも行い、母親の愛着形成と母乳生産、未熟児の成長発達を促すケアの導入・指導にも取り組みました。

病院には、1000gという超未熟児で出生した女の子がいました。名前は「グロリア」ちゃん。彼女は母親の熱心なカンガルーマザーケアによって、少しずつ体重を増やし、1か月半後無事に退院することができたのです。これは母親と、母親を毎日励まし支え続けた現地スタッフたちの努力の賜物です。こうしたこ

新生児蘇生法の研修の様子

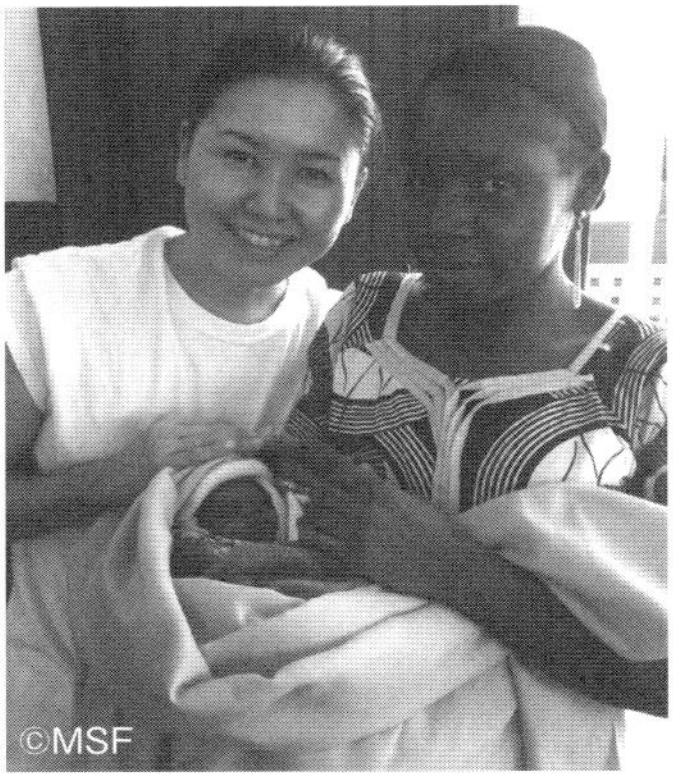

グロリアちゃんとママと

とを自分たちでできるようになると、現地スタッフのモチベーションも向上し、その結果、看護ケアの質が向上するのです。

　内戦下でも、人々は畑に出かけ仕事をし、食事をとり、家族と過ごし友達と笑い、結婚し、子どもが生まれ、年老いていく、そういう継続した暮らしがあるのです。私はこれまで中央アフリカに2回派遣されています。中央アフリカの人々は「内戦が続いている我が国に、2回も来てくれてありがとう。ヒロコも家族があるのに…」と言います。私は涙が止まりませんでした。彼らは、望んで内戦下にいるのではありません。こうした人びとを、救わなければならない、そういう使命感が、私の原動力となっています。これからも、アフリカの人びとのために情熱を捧げたいと思っています。

プロフィール

宮城県出身、看護師。2005年宮城大学看護学部卒業後、看護師として国立国際医療センター（現NCGM）小児科病棟勤務。フランス語習得のため渡仏後、2011年には青年海外協力隊・保健師としてベナン共和国へ派遣。帰国後、2014年より国境なき医師団に参加。同年、及び翌年に中央アフリカ共和国に派遣された。2015年末よりハイチ共和国へ派遣。主にフランス語圏アフリカを中心に活動中。
法人名：国境なき医師団
URL：http://www.msf.or.jp/

アフリカと神戸俊平友の会

NGOアフリカと神戸俊平友の会 代表 獣医師　神戸俊平

71年ナイロビ到着後、アレキサンドリアから喜望峰までバックパッカーとしてアフリカ大陸を縦断する間、飢餓干ばつ食料事情をみました。76年、ナイロビ大学獣医学部修士を卒業しケニア獣医師資格を得、81年からナイロビにて小動物獣医開業しましたが、旱魃は半乾燥地帯の牧畜民マサイも苦しめ、家畜の支援活動を望んでいた折、キリスト教会所属のマジモト・マサイ動物診療所を任せられました。

１９９４年、「アフリカと神戸俊平友の会」NGOが立ち上げられ、獣医診療活動の支援をいただき、大動物獣医活動を始めることができ

マサイ戦士とともに

ライオンの聴診

ました。また「アフリカと神戸俊平友の会」NGOではスラム地域の子ども食事支援を行ない、子ども達が将来、環境・自然に親しむような成長を願っています。また、日本国内でアフリカの自然・動物に関わる児童書をかいております。
アフリカ大陸に渡ったのも獣医師として野生動物保護活動を希望していたため、絶滅の危機に貧する野生動物、とくにゾウの密猟による激減が激しく、象牙密輸の反対・啓発活動を行っています。現在の主な密輸先は中国ですが、日本国内への象牙密輸反対活動も続けています。
さて、東アフリカにおける大きな被害に吸血昆虫ツエッツエバエより感染するトリパノソーマ（眠り病）がはびこっている現状から、

ライオンとともに

2010年、ナイロビにも拠点を置く、長崎大学医歯薬学熱帯伝染病研究所・寄生虫分野にて人獣共通伝染病アフリカ眠り病原虫トリパノソーマと本病媒介昆虫ツエツエバエを疫学的に学ぶため博士課程在学中です。
アフリカに来てから半世紀になろうとしておりますが、問題山積みの現状に「アフリカと神戸俊平友の会」支援により斯様な活動を継続しています。

プロフィール

東京都港区生まれ、本籍地千代田区。1971年、ナイロビ着、1976年ナイロビ大学獣医学部修士課程入学、81年卒業後、ナイロビで小動物獣医開業、1994年、NGO活動開始。ナイロビにて長崎大学医歯薬学部熱帯伝染病寄生虫分野トリパノソーマ（眠り病）博士課程在学中。マサイ地域の獣医活動、スラムの子供たちの食糧支援、動物保護活動を継続中。
団体名：NGOアフリカと神戸俊平友の会
URL：http://www.s-kambevet.org

エチオピア・アートクラブができるまで ～ふたりのアーティストが教えてくれたこと～

一般社団法人エチオピア・アートクラブ　代表　山本純子

遂に日本にもアフリカビジネスに熱い視線が注がれる時代がやってきました。一過性の支援や援助では、アフリカと長く繋がることは難しい。そう感じていた私にとって、歓迎すべき時代の到来です。しかし、私の情熱が向かう先は、ビジネスではなくアート（主に芸能）でした。アートは国境を越え、豊かさや貧しさによらず、そのクオリティーによって価値が決まります。エチオピアのアートには確かなポテンシャルがありました。しかし、いかに優れたアートであっても、人びとの目に触れなければ、埋もれた宝が輝きを放つ日はやってきません。私は美しいエチオピアのアートに光をあて、その価値を日本に発信したいと考えるようになりました。これが全ての始まりです。当時まだふわふわしていた想いを形にする迄、その紆余曲折の歴史を今ここでふり返ってみたいと思います。

遡ること10年前、親交の深かったエチオピアのダンサーやミュージシャンが一斉に海外の公演先で亡命するという事件が起こりました。彼らが亡命したのは、主に経済的な理由によるものです。エチオピアにおけるダンサーやミュージシャンは低い職能と見なされることが一般的で、ごく一握りの有名アーティストを除き、定収が得られず、偏見にさらされることも少なくありません。こうした現状から抜けだすため、彼らは海外に活路を求めたのです。その後も止まらない芸能の流出は、私に彼らの現実を突きつけました。「海外で活躍する」それは、アーティストにとってステータスであり、目指すべき世界であることを、この時初めて知ることになったのでした。

エチオピアを代表するダンサー Melaku Belay（FENDIKA AZMARI BET オーナー。エチオピア・アートクラブ特別顧問）撮影：Mario Di Bari

そんな事件が続いた後も、エチオピアのアートに対する強い想いは変わらず、賛同してくれた仲間とともに２０１５年9月11日、一般社団法人エチオピア・アートクラブを立ち上げました。究極は、エチオピアのアートをフラダンスやベリーダンス並みにメジャーにすること。しかし、理想と現実の間にはギャップがありました。所属団体からの独立を巡り誤解が生じ、スタートダッシュで始まった活動は、仲間を疲弊させました。両者との気持ちの乖離に悩み、団体を立ち上げたことに迷う。決して順風満帆とは言い難い現実が待っていたのです。

葛藤の日々の中、転機がやってきたのは、ふたりのエ

Melaku Belay 氏と筆者（アジスアベバにて）

チオピア人アーティストとの出会いでした。ひとりはエチオピアに軸足を置き、世界を舞台に活躍するダンサー、もうひとりは移住アーティストとして海外に軸足を置き、エチオピア音楽を世界に発信するミュージシャン。対照的なふたりが見せてくれた光と影に、これまで溜め込んできた様々な想いが、まるでフラッシュバックのようにくっきりと蘇ってきました。前者のダンサーは、アーティストがエチオピアで成功できる時代がやってきたこと。その波はビジネスの世界だけでなくアートの世界にも及んでいることを自らの成功体験を以て示してくれました。一方、10年前の事件よりずっと引きづっていた「ディアスポラ・アーティストは幸せか？」という疑問に身をもって応えてくれたのが後者のミュージシャンです。彼が経験したカルチャー・ショック、アイデンティティ・クライシス、深い哀しみや怒りを音楽へと昇華させ、辛うじて自分を保っている姿は、切ないほど胸に刺さり、移住アーティストの真実を初めて私に示してくれたのでした。

ふたりのアーティストは、私の中で、もやもやと渦巻いていた迷いを払拭し、想いの原点を呼び覚ましてくれました。そして今年6月（2017年）、念願だった日本初のエチオピア・フェスティバルをエチオピア大使館と共に開催します。続いてエチオピア人アーティストDEREB THE AMBASSADORを招聘し、私たちの看板イベントである「Secret Art of ETHIOPIA」を開催します。

日本にエチオピアの美しいアートを発信する。彼らの価値を日本で高め、逆輸入することでエチオピアにおけるアーティストの地位を変えることができるかもしれない。そんなビジョンが今、私の目の前に広がっています。

招聘予定のDereb Desalegn a.k.a.DEREB THE AMBASSADOR（シンガー）

次の目標は、このビジョンを実現すること。仲間とともにエチオピア・アートクラブならではの活動スタイルを追求し、挑んでゆこうと思います。

プロフィール

東京都出身。2003年、演歌のような民謡のような不思議な伝統音楽に熱狂するエチオピア人と出会い、圧倒され、エチオピア民族舞踊の世界に足を踏み入れる。2005年よりモカ・エチオピア・ダンスグループ代表。2015年9月、一般社団法人エチオピア・アートクラブを設立、代表に就任。平日はICT業界で働き、休日は日本とエチオピアをアートで繋ぐ。二足の草鞋で人生を二倍楽しむエチオピア・カルチャー・ウォッチャー。

団体名：一般社団法人エチオピア・アートクラブ

URL：www.ethiopianartclub.org

雨ニモマケズ、風ニモマケズ、ナイジェリアで非営利活動

アフリカ女性子供を守る友の会、創立者・代表理事・事務局長　長島日出子

私が体験した初めてのアフリカは快いものではありませんでした。２００９年から4年間、初めてナイジェリアのアクワ・イボン州に滞在しました。当時、私はナイジェリア人事業パートナーと婚約していました。ところが彼は事業がうまくいかず、娘と私に暴力をふるうようになったのです。何度も警察を呼びましたが、ナイジェリアの警察は頼りになりませんでした。２０１２年の5月、思いがけなく友人を介して、ＦＩＤＡ（女性弁護士国際連盟）の弁護士によって娘と私は救出されました。４人も子供がいる女性弁護士さんが、6か月も私たちを家に住まわせてくださったのです。たぶん、苦境にある人の気持ちがわかるのでしょう。これについてはその後詳しく知る機会がありました。

アクワ・イボン州では、実際女性と子供に対する虐待と暴力が頻繁に行なわれています。貧困や病など家族に不幸が起こると弱い女性や子供たちのせいにし、「ウィッチ（魔女、魔術師）として残忍な暴力を振るっています。その他、女性は家族の遺産相続は法的に許されていませんし、一夫多妻制、未亡人の破棄や放置など公に行われています。２０１２年の11月、

私はようやく日本へ戻ることができ、ＳＷＡＣＩＮ（ナイジェリア女性・子供を守る友の会）という民間団体を立ち上げました。この団体が現在の特定非営利活動法人 アフリカ女性子供を守る友の会です。日本で唯一のナイジェリアに拠点を持つ支援団体です。当時、会報を作って友人や知り合いに配布したり、オンラインラジオ放送でナイジェリアの女性と子供の苦境を報じていました。

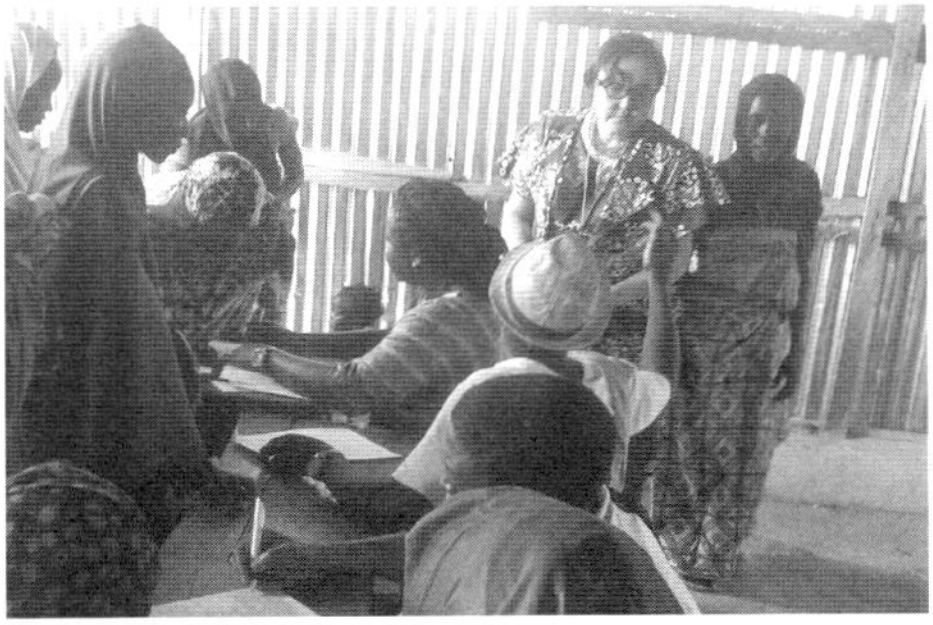
①ボコハラム被害者のアンケート調査の様子

しかし日本政府はナイジェリアへは何年も退避勧告を出しており、当団体設立後3年たってもアクワイボン州への企画は受け入れて貰えませんでした。しかたなく何度もメールや電話で説得し続けました。ついに２０１６年5月、在ナイジェリア大使館よりナイジェリアに来るようにと御指示があり、直接大使館職員と話し合う機会を頂きました。結果、次回アクワイボン州での企画は御考慮頂けるという返答頂いたのです！　２０１６年の一年間は女性子供救援プロジェクトを２件作成しました。1件はアブジャ、ボコハラム女性被害者の就業訓練（写真①）、もう1件はアクワイボン州で初めての性暴力被害者のためのシェルター企画です（写真②）。また

２０１６年末から現地で５人ほどに日本語を教えていたのですが６か月で小学校を含め２００人以上生徒が増えました。アブジャ大学では日本語学科を正式に設立する話が進んでおり、日本語教授としてご依頼頂いています。しかし、この原稿を書いている今なお、ナイジェリアで日本語を教える日本人は他におりません。

②アクワイボン州で初めての性暴力被害者のシェルター、アガペセンター

「なぜアフリカなのか？」――アフリカは日本のように発展していないし、言語や風習など非常に異なります。しかもメディアで「ナイジェリアは危険、危険」と騒がれてることもあり、「どうしてそんな所へ？」と思われても無理はありません。しかし現地に来てみれば、ナイジェリア人全員がテロリストではないし、テロで実際危険な場所はナイジェリア北部の一部だけです。日本から唯一のＮＧＯという事もあり、現地人は日本の文化に興味津々です。そんな時、日本について説明するのは楽しいものです。特に戦後日本がどのようにしてゼロから世界を圧倒するほど技術的、経済的に急成長を遂げたかという話はいつも人々の興味をそそるようです。日本では、なぜ紛争がなく、人々は礼儀正しくて謙遜なのかも不思議なようです。説明したり、研究するこ

とも自分にとって発見があります。日本は大いにアフリカをエンパワメントできる要素があると思います（写真③）。

宮沢賢治がかつて絶望と無力感に打ちひしがれながらも、東北地方の人々に立ち上がるよう励ました「雨ニモマケズ」という詩をご存知でしょうか。彼の「生き物は皆兄弟であり、生き物全体の幸せを求めなければ個人の本当の幸福はない」という思想は今でも多くの人の心を打ちます。私たち人間は国籍や皮膚の色や住んでいる場所などで分割できるものではありません。なぜなら相互に影響しあっているからです。今後アフリカに挑戦される方々、雨ニモマケズ、風ニモマケズ、アフリカの弱い立場の人を助ける方法を一緒に考えていこうではありませんか。人生に深い意義が生まれてくるにちがいないと私は確信しています。

③ 2017 年 3 月 11 日、「国際女性の日」アブジャ、ギシリ村の女性たちにエンパワメントスピーチする。

プロフィール

1961 年生まれ、東京出身。日本で退避勧告の出ており、ほとんど 知られていないナイジェリア、ニジェールデルタを支援する日本で初めての NGO を創立。米国ワールドパルスで世界の参加者 600 人中 30 人に選択され、世界で活躍する女性リーダーからジャーナリストとしての訓練を受ける。1998 年ラスベガス大学卒業、社会学・コミュニケーション課卒業。1984 年多摩美術大学油画科卒業、同年東京、渋谷パナ・リンガ学院日本語教授法修士課程卒業

団体名：アフリカ女性子供を守る友の会（SWACIA）

URL：http://www.swacin.org　http://www.swacin.com

なぜ「アフリカ」で働くのか

JKUAT NISSIN FOODS Ltd. ／マーケティングマネージャー　荒殿美香

近年アフリカがビジネスの対象として注目を集めています。2016年8月末にはケニアでアフリカ大陸では初となるTICADが開催され、安倍首相はアフリカに対して、その後3年間で3兆円の出資をすることを表明しました。私はこれまで、ケニアで青年海外協力隊として2年間活動し、その後現地で日系食品会社に就職して約1年半仕事をしてきました。3年半の実体験をもとに感じたことをお伝えしたいと思います。

私は2015年夏、初めてアフリカ大陸（ケニア）に足を踏み入れました。大学生時代にアジア近辺はバックパッカーとして一人旅などしたこともありましたが、アフリカに来たのはそのときが初めて。首都ナイロビの中心部には高層ビルが所狭しと立ち並び、大型ショッピングモールも数軒あります。しかし郊外に出れば「アフリカ」というイメージ通りのサバンナが広がり、動物たちが優雅に草をはむ姿を見ることができます。

私がこの3年半の間で感じた変化として、これまで「支援」の対象であったアフリカを「ビジネス」の対象としてとらえる人が増えたという印象が強くあります。私個人の考えですが、「支援」に頼った発展には限界があると考えています。自国を愛し守れるのは自国の人々です。自発的な発展を促すためにも、ビジネスの発展とそれを通じた人材の育成は不可欠です。

私は、その伸びしろは十分にあると感じます。ケニア人は英語が上手で、スピーチや交渉力は日本人よりも優れている人が多く、また記憶力などの基礎能力は高い人が多いと感じます。ただ、それを育てるだけの教育制度が十分に整っていないため、そのような人がいても埋もれてしまいがちです。

学校での食育活動の様子（協力隊）

アフリカでビジネスをしていくためには、彼らのような人々を育てながら、自分自身も現地の文化に溶け込む努力をしつつ、長期的な目線を持って取り組むことが必要です。実際私自身もケニアで働くにあたり、ケニア人のことを良く知り、彼らの特異・不得意を見極めながら、自分がどのように立ち振る舞えば現地の人たちや自分にとって、また会社にとって仕事がしやすくなるのか、ということに注意を払うようにしていました。日本式のやり方はまず通用しないため、仕事に対する考え方や方法をローカライズして進めていく柔軟性は、異国で働くためにはとても重要だと感じます。

ケニアに3年半住んでみて、アフリカの人たちにとって日本はまだまだ遠い存在だということも強く感じます。日本と中国は同じ国だと思っている人がほとんどで、日本で知っているものと言えばトヨタの車くらい。日本のステータスは高いとは言えません。今後アフリカで日本企業が成功するためには、より多くの日本企業がアフリカの国々に進出し「日本ブランド」を構築しながら日本の技術を伝えていく、ということが必要かもしれません。海外に住んでいると、やはり日本製品は世界一だと身をもって感じます。

学校児童向けプロモーションの様子（JKUAT 日清）

だからこそ、世界に誇れる「日本ブランド」をより多くのアフリカの人々に知って欲しい。そのためにはもっとアフリカの人々に日本を知る機会を提供していかなければなりません。

もちろん、アフリカで闘うことは容易ではありません。汚職問題や治安問題、テロの驚異などあげればきりがないほど課題は山積しています。私はよく「どうしてアフリカなの？」

と聞かれますが、そのときは決まって「面白いから」と答えます。ケニアで過ごすということは、コミュニケーション、治安、文化、あらゆる面でストレスに感じることももちろんあります。それでも、その国の発展と進化を、身をもって感じながら仕事をできるという環境はあまりないと思います。良い意味でも悪い意味でも、決まりきったことのないアフリカの土地で、失敗や成功を重ねながら様々なことにチャレンジを続けられる環境。イチから試行錯誤し、想像力や創造力が要求される仕事。そういった仕事に取り組めることが、アフリカで働く面白さです。

顧客へのインタビュー調査の様子（JKUAT 日清）

　これからも、イチ日本人、イチ地球人として、国境に縛られないグローバルな考え方を持って、アフリカと日本をつなぐ架け橋として仕事をしていきたいと思います。

プロフィール

1987 年度生まれ。宮崎県出身／ケニア在住。筑波大学国際総合学類卒業。教科書の出版社で務めた後、青年海外協力隊としてケニアに赴任。主に家庭菜園や食品加工方法の普及に取り組む。その後日系食品会社の JKUAT 日清に入社。マーケティングマネージャーとして、ケニア人スタッフの管理やマーケティング業務全般、新規開拓事業など幅広い業務に携わる。
企業名：JKUAT NISSIN FOODS Ltd.

仏族アフリカのススメ　～あなたの知らない裏アフリカ？

ンボテ★飯村（飯村学）

「メダム・エ・メシュー、当機はキンシャサ・ンジリ国際空港に向けて高度を落としてまいります。まもなくコンゴ民主共和国領内に入りますが、同国では許可のない写真撮影が禁止されています。どなた様もカメラをカバンにおしまい下さい」

奇妙な機内アナウンス。窓の外には夕闇から浮かび上がる一面の深い森。緑が目に痛いくらい。ああ、夢にまでみザイール。本当にここに赴任したんだ。これからどんなことが待ち受けているのだろう、どんなひどい目に合うのだろう。テンションを押さえることができなかった自分を、昨日のことのように思い出します。

アフリカを初めて意識しはじめたのは、防衛大学校という特殊な学校に通っていたころ。戦史、戦略論といった科目を履修するのですが、その中でしばしばアフリカが出てきたのです。フランスのドゴール政策。仏軍外人部隊。冷戦と独裁者。中央アフリカやザイール。その名前の響きとともに、アフリカの強烈なイメージが心に焼きつきました。それがアフリカへの興味の始まりであり、フランス語学習の端緒でした。学校を卒業し、自衛隊に任官。北海道の田舎にあるミサイル部隊に配属されました。しかしインターネットもアマゾンもない時代。情報隔絶への危機感は強く、1993年に国際協力機構（JICA）の仕事に出会い、東京に戻ることとなります。その後、忙しい日々の中、いつしかアフリカも、外人部隊も頭の片隅に追いやられていきました。ところが、時とともに、アフリカへの思いが蘇ってきました。自分をアフリカ色に染めなければ…そこで再び始めたのがフランス語でした。

村の問題を住民からヒアリング（2006年、マリ共和国にて）

日本でアフリカのイメージといえば、ライオンにキリンにマサイ族。あとは「あなたの知らない裏アフリカ」なんて思われている節がある。しかし大陸には54の国があって、正面から捉えれば、半分は西側。フランス語を公用語や行政言語として使用している国は25と半分近く、決して裏ではないのです。わが業界では、仏語ベースのアフリカ関係者を「仏族」と呼ぶことがあります。仏語圏には非常にディープで独特の文化圏があります。また語学圏を超えてアフリカを捉えるためには、フランス語をやることがとても重要だと思うのです。

私はその後、西アフリカのセネガルに赴任。周辺7カ国の担当として西アフリカ中を走り回り、その上、当時紛争に陥ったコンゴ民主共和国やコートジボワールなどをダカールからリアルタイムでフォロー。その興奮、鼻血ものでした。そして2007年、冒頭のシーンへ。紛争冷めやらぬコンゴ民主共和国に赴任。私の任務はカバン一つで赴任し、ゼロから事業を始めてきなさい、っていう手荒いものでした。現地にはスタッフも、事務所もツテもない。何よりメチャクチャな国でした。例えば事務所の工事。電球一個から全部手配しなければならなかったのですが、金払わなければモノ持ってこない、でも金払ったらモノ持ってこない。どうしろっていうの!?

金とブツを握り合ってのにらみ合いが続きます。

キンシャサでは橋もこんな感じ（2008年、コンゴ民主共和国にて）

ジャングルの奥深くにある東部の都市に飛行機で出張した時の話。持参したドル札は発行年が一昨年のものだから受け取れないと拒否され、しかも帰りの便への搭乗も危うい状況に。事実上の一文無しとなってしまいました。州知事表敬なるものに行くと、ジャングル大帝のお出まし。「お前ら、俺のナワバリになにしにきた！」あらゆる珍事が発生した毎日。現地では、この不合理で不可解なルールのことを'Eloko ya makasi'（エロコヤマカシ）といって強がってきます。でもそこ、自慢ポイントじゃないから。

とにかくアドレナリン出っぱなしの2年半でした。

今となっては、アフリカは私の「仕事」ではなく、存在そのもの。日本に戻ってからは、プライベートで映画や音楽、トークイベントなど、仏語圏アフリカ世界の発信の活動に取り組みました。仕事以外のこうした活動を、「芸能活動」と称していますが笑、ここでは別人格「ンボテ★飯村」が大好きなアフリカを自由に語ります。

平和や民主主義、貧困。確かにアフリカはまだまだ課題が多いのは事実。しかし曲解も多く、「アフリカだから」という風評被害を一番に受けてきました。アフリカの豊かな文化や人の営み、そしてリアルな今を知る事が大切。ンボテ★飯村はそう考えています。

最後に、アフリカを目指している方へ。アフリカへの壁は、決して高くない。だって基本、同じ人だもん。それに私たち自身が、文化も、言葉も、コミュニケーションもトラブルも、シャワーのように浴びて、アフリカ色に染まってしまえばいいんだから。

ということで、ようこそ、裏アフリカへ。

コートジボワール・アビジャンより

プロフィール

本名：飯村学。映画、トークイベント、講演、執筆など、アフリカに関するプロモーション活動を展開。本職は国際協力機構(JICA)、現コートジボワール事務所長。専門分野はフランス語圏アフリカ。主な執筆に「コンゴにまつわるエトセトラ」(『Dodo』2013年5月号)、「マリ そこにある危機～砂漠の祭典よ、再び」(『ARDEC』2014年12月)、「アフリカの平和に生きるサッカーのチカラ」(『現代スポーツ評論』、など。元自衛官。
URL 個人ブログ：『ぶらぶら★アフリック』http://blog.goo.ne.jp/nbote

この地のヒトの可能性

ワンブルーム株式会社　代表取締役社長　伊藤弘幸

私は、現在主にウガンダ共和国やタンザニア連合共和国など、東地域の国々で活動を主としています。なぜアフリカなのか、と言いますと、この地との縁と、またこの地のヒトの待つ可能性に強く関心を持ったからです。また、そのヒトの持つ可能性から繋がるところですが、現代及び未来におけるこの地、ここにいる人達の役割、またその本来発することが出来る彼らのパワー、社会への価値、の部分への関心などが背景にはあります。

学生の頃、ある国ではまだ存在する貧困や紛争など多くの罪も無い人がある種、虐げられているようなその社会の現実に対し、日本人の一人として本質的に取組めることは何なのだろうと問題意識を持ち、多くの本をあさるところから始め、悶々としていました。

そんな中、机上や各分野、現場において活躍されている方々から直接お話を聞くなどしていた傍ら、現場での実態も知るため途上国各国を訪れ、現場での活動にも一人関わるなどしていました。

その一貫で当時まだ行けていなかったアフリカ大陸の国も行こう、と計画を立てていたところ偶然、東京の国連大学で日本にとある事情で移住されていたウガンダ人の方と遭遇し、行くことを決めていたタンザニアと合わせ、彼の紹介を頼りにウガンダにも渡航、滞在などすることを決めました。結局その時の現地での人との縁が、今となっては、この地に戻って来た経緯、きっかけ、理由のひとつとなっています。

そのとき出会った一人のウガンダ人の友人は、東アフリカ一と言われていた大学を相当な努力により入学しましたが、自らお金を稼ぎ自ら授業料も払い、住居なども時には大学構内で隠れて寝るようなことまでもし、お金だけ恵まれていなかった逆境下でもふんばり、必死に頑張って何とか大学を卒業しました。

現地パートナーと共に

ただ大学を卒業した後、今度は自国には仕事が十分にありませんでした。単なる学力という部分だけではない部分も含め、ビジネス、行政、政治などどこでも活躍出来るであろう能力、そして苦労、ハングリーな経験を持っているような人材、ヒト。

ただ、仕事が無い、お金が無い、環境機会が少ない、またその若いヒトの持つ力を活かそうとする国の考えや後押しも、本質的な目利きがありアクションを取ってくれるような人も足りない等という自国の環境により、そのような人材、ヒトの持つ力、が活

現地パートナーが農家に向けて行う農業トレーニング風景

かしきれていない現実。またそれらを様々な現場で知れば知る程に、それが彼だけに直面している問題でないこともよく分かってきました。

　彼と私、自然と涙ながらにそのような話をしていたそのとき、このような地、国で起きている本質的な課題と、それに対して日本人の一人として彼らと共になってやれること、やりたいこと、の中身が少し見えたような気がしました。またその可能性の大きさを感じるとともに、今までの外部者からの一方通行的な援助や事業、政策などが如何に浅はかなものであるのか、よく分かりました。

　最近アフリカ大陸の某国などの現場で、現場の人となり多大なる貢献をされたある日本人の方のお言葉が身に染みました。

「途上国の発展を阻む最大の障害は人の問題であるが、その発展の最大の要素もまた人なのである」

　私は、ここでは主に物の輸出入、物流・流通、マーケティング、販売関連事業より取組み始めています。そして、同事業において関わる地の経済や社会、勿論それらの形成者でもあるヒトに対し、本質的にどういったプラスのインパクトを与えられるのか、というところも軸として意識しながら、一つ一つの取組みを事業パートナー等と共に試みています。

これからやりたいことは沢山有りますが、現在は特に限られたリソースの中なので、身の程を知りつつ、結果を出せるよう、目の前の一つ一つの取組みに集中しています。

大変ありがたいことに、今取組んでいる産業、事業領域以外のところにおいても、似たような思いを持った事業家、企業の方々等とのご縁も少しずつではありますが出てきています。

とある道端にて

そういった日本人の方々とも今後なにか共に取組める機会が作れてくると、関わる皆にとって良い事業が作れ、中長期的にも運営の成り立つものが出来てくるかもしれません。その為にも、日々成長、精進あるのみです。

プロフィール

神奈川県横浜市生まれ。日本の大学を卒業後、日系商社にて主に東南アジア各国向け自動車鋼板関連事業に従事。その後米系コンサルティングファーム、事業準備期間などを経て、東アフリカのウガンダ共和国にて会社法人を設立。また同時期に日本においても法人（株式会社）を設立し事業を始動。

企業名：ワンブルーム株式会社 Onebloom Corporation

農産物を通してウガンダの魅力を伝えられる事業展開を

COTS COTS LIMITED　宮下芙美子

「なぜアフリカだったのか」とよく聞かれますが、いつも「自分からいちばん遠いと思ったから」というちょっと間の抜けた回答をしています。辺鄙な田舎で生まれ育ったためか、「自分のいる場所から遠いところ」や「自分が生きているのとは異なる世界」への憧れが人一倍強く、それが大学に入ってから、異文化にとことん入り込んで研究する文化人類学という学問と結びついていきました。

アフリカに導かれたのは、ボツワナのカラハリ・ブッシュマンの研究者である恩師の影響もあります。「わたしのカラハリの友人たちは…」と、彼らの生きる世界について熱っぽく話す指導教官の姿に、「わたしもあんな風に遠くの世界のことを理解し、語れるようになれたら愉快だろうな」と思ったものです。

研究するだけでなくもっと実際に関わり合いたいという思いが高じてアカデミックの道を離れましたが、今でも自分の行動の根底には文化人類学を学んでいたころのまなざしがあると思います。

縁あって、京都を拠点に環境負荷の小さい農業を広めるビジネスを展開する株式会社坂ノ途中に参画し有機農業に携わるようになってからも、それまでの自分の関心と仕事をなんとかつなぎ合わせられないかとばかり考えていました。思っていたより早くに機会をいただくことができ、2012年から現在につながるウガンダでの仕事をさせてもらっています。

事業地がアフリカの中でもウガンダになったのは偶然によるところが大きいのですが、穏やかな気候とのんびりして親しみやすい人たちに甘やかされて、すっかり深く根をおろしてしまいました。

かつて憧れたような「異なる生きかた」との出会いに圧倒されることもあれば、思わぬところで共通点を発見しておかしくなってしまうこともあり、まだまだ飽きる気配はありません。

株式会社坂ノ途中の海外事業として、まず日本市場向けに輸出する農産物を手がけました。小粒だけど香ばしく風味のいいゴマ、融点が低く肌にするっとなじむシアバター、森のなかで

栽培指導からともに取り組んだゴマ農家さん一家

育った、独特の香気をまとうバニラビーンズ。わたしの思い入れに耳を傾けて手を貸してくれた同僚や、商品とその背景に関心を寄せてくださったお客さま、そしてなにより畑で汗を流す農家さんたちのおかげで、ウガンダの魅力が詰まった商品を日本のお客さまのもとへ送り届けることができました。

以前のわたしにとってそうだったように、日本で暮らす多くの人にとってまだまだ遠い存在であるアフリカ、ウガンダから、こんなふうに直接ものを届けられるようになったことは大きな誇りです。

野菜のモデルファームにて

ＪＩＣＡとの民間連携事業をきっかけに、ウガンダ国内での有機野菜の生産・流通・販売も行っています。ある側面をとってみれば日本とウガンダの間以上に距離があり断絶されているといえるかもしれない、ウガンダ国内の都市部と農村部を、手間ひまかけて丁寧に育てられたおいしい野菜でつなぎ、格差を埋めるお金の流れを生み出すことを目指しています。

２０１７年、ウガンダで新たに設立した法人で、株式会社坂ノ途中から事業継承する形で独立しました。これまで展開してきた農業事業に加えて、新たなチームの協力を得て、新事業を起ち上げています。

京都で料理屋を経営していた料理人を迎えた日本料理店『YAMASEN』では、「Farm to Table」をコンセプトに、ウガンダの豊かな農産物に和食のエッセンスを加えて提供し、素材の魅力を味わってもらえる場をつくります。生産者と直接関わり、食べる人とのつながりをさまざまな形で生み出していきます。

憧れてやまないアフリカで生きられることの幸福をおいしい料理に込めて、より多くの人におすそ分けすることができればと思います。

カンパラ市内で販売している野菜セット

プロフィール

1988 年、石川県出身。京都大学人間・環境学研究科修士課程修了。専門は文化人類学、社会人類学。2011 年、農業ベンチャー株式会社坂ノ途中に参画。2012 年、海外事業担当としてウガンダから日本市場への農産物輸出事業を起ち上げる。翌年現地法人 Saka no Tochu East Africa 社を設立、代表に就任。2015 年より開発コンサルタントとしても活動。2016 年、COTS COTS LIMITED を起業。農業関連事業を継続して展開しながら、飲食店経営などの新規事業開拓に取り組む。

企業名：COTS COTS LIMITED

学生時代に自転車でアフリカ5千キロを走破　今はルワンダで和食レストランを経営

KISEKI Authentic Japanese Restaurant　山田美緒

現在、ルワンダで夫と日本食レストラン「KISEKI」を経営していますが、私がアフリカと関わることになったきっかけは、大阪外国語大学に入学したことでした。アフリカ地域文化学科スワヒリ語専攻だったこともあり、2回生のときケニアとタンザニアにバックパッカーと学生活動で二度アフリカに足を踏み入れました。そのとき感じたことは現地の人たちとの距離感です。もっとアフリカとディープに関わるにはどうしたらいいかと考えた結果、自転車で旅行することを思いついたのです。

すぐにマウンテンバイクを購入し、自転車屋さんに弟子入りして整備を学び、あわせて体力づくりに励みました。日常の移動はすべて自転車に切り替え、山に登る特訓もしました。そして、支援者を得るためにまず行ったのは、自転車で日本一周することです。吉野家や大塚製薬がスポンサーになってくれました。

4回生に上がると大学を1年間休学し、いよいよアフリカへの旅立ちです。日本を出発する前は、「危ない」「死ぬ」「絶対無理」と言われていたのですが、幸い大きなトラブルもなく、ケニアから出発し、タンザニア、マラウイ、モザンビーク、ジンバブエ、ザンビア、ナミビア、南アフリカと8カ国約5千キロの道のりを半年間かけて自転車で無事に走破しました。もちろん最善の注意は怠りませんでした。できるだけリスクを減らすために、外見は女だとわからないように丸坊主にして、胸にはさらしを巻いて、ぱっと見で男に見えるようにしていました。半年間のうち約三分の一はテントでの寝泊まりでしたが、なるべく現地の人の家や、ガソリンスタンド、警察などにテントを張らせてもらいました。さらにテントで寝るときはつけ髭をつけたりもしました。道中での自転車は、パンクなど小さなトラブルは頻繁に起こりましたが、事前に日本で自転車屋に弟子入りしていたおかげで、それらは自分で全部解決することができました。

タンザニアのダルエスサラーム

日本人が自転車で旅をしていると非常にインパクトがあって、現地の人たちから興味を持たれ、また、アフリカの風を感じながら旅ができたことで、以前に比べて距離感は随分と縮まったように感じました。それでも旅行者なので現地に住む人との距離はまだ少しあり、いつかアフリカに住みたいと思うようになりました。

帰国後は世界が一変しました。テレビ、ラジオ、雑誌で取り上げられたり、講演に呼ばれたり、忙しい日々続き、大学4回生の

ジンバブエでの散髪後

ときは１００回以上の講演に行きました。
　大学卒業後は、２年半ほど会社に就職して社会人としての基礎を勉強したあと、自転車メーカーとスポンサー契約が決まり、サイクリストとして独立しました。講演活動や雑誌のコラムを書くなどの活動をする傍ら、自転車で旅した国の数は２３カ国ほど。また、東京の酒場で偶然一緒になった駐日エリトリア大使と意気投合し、自転車を通して友好親善大使も務めました。
　結婚後は夫の仕事の関係でシンガポールに移り住みましたが、生活が充実し過ぎて退屈さを感じていました。そんなとき夫から転職してアフリカで起業したいと打ち明けられ、大賛成で今暮らしているルワンダにやって来たのです。
　昔から家でホームパーティを開き、自分で料理を作ってお客様をもてなすことが好きだったので、ずっとレストランをやりたいという思いがあったことから、ルワンダで日本食レストランをやりたいと考えていたところ、寿司職人であった友人の新田さんが是非一緒にやりたいと言ってくれて、ルワンダで唯一となる本格日本食レストラン「KISEKI」をオープンさせたのです。和食を通じてルワンダで奇跡を起こしたいという思いで命名しました。別のレストランで調理人をしていた3人のルワンダ人のローカルシェフが日本食を学びたいと新田さんに弟子入りし、今では上手に天ぷらを揚げたり、巻き寿司を巻いたりできるようにまでなりました。近い将来、ルワンダで一番のレストランとなって、利益を地域に還元してきたいと考えています。

寿司研修で初めて寿司を見る現地スタッフ

ルワンダはアフリカの奇跡と言われている国で、めまぐるしい経済発展を遂げていますが、いろいろと不十分な点も多く、もっとこうしたらいいのにと思うような惜しいところがたくさんあります。その点ではたくさんのビジネスチャンスが埋もれている場所であることは間違いありません。他のアフリカ諸国に比べると治安がよく、1500m以上の高地のため過ごしやすく、是非多くの人に訪れていただきたいと思っています。

プロフィール

1982年大阪府池田市生まれ　サイクリスト。ルワンダ在住、0歳と3歳と5歳の男の子3人の母。
KISEKI Authentic Japanese Restaurant　ジェネラルマネージャー、一般社団法人コグウェイ代表、Follow the Women 日本支部代表、エリトリア共和国観光親善大使、JACC日本アドベンチャーサイクリストクラブ評議員。著書『マンゴーと丸坊主〜アフリカ自転車5000km！』（幻冬舎）、『満点バイク！〜世界を走る女子サイクリストのイラスト旅日記』（木楽舎）他
URL：満点バイク blog　http://mantem.exblog.jp/

僕らは楽しいからセネガルで生きる

日本食堂兼日本人宿「和心」代表　原田翔太

こんにちは。セネガル在住の原田と申します。セネガルの首都ダカールで日本食堂兼日本人宿「和心」を妻やスタッフ、日本から来てくれるインターン生達と一緒に営んでいます。私は昔から「人生で一度くらいアフリカへ行ってみたい」という想いがありました。そんな私の初めてアフリカ渡航は今から7年前、２０１０年に訪れたセネガルです。

日本で知り合ったセネガル人の友人がセネガルに一時帰国するというので、私も一緒に連れて欲しいとお願いしました。彼は快く快諾してくれて、私の初めてのアフリカ渡航が決まりました。セネガルではその友人や友人家族の影響もありセネガルが大好きになりました。

また、当時の私は「アフリカ＝貧困」というイメージだったのですが、実際にセネガルに来てセネガル人たちの生活を見て、そうではないとすぐにわかりました。みんなお金はないけれどお互いが助け合って生きていることが、単純に「いいな」と思いました。とはいえ、その時はアフリカに来てみたかっただけなので、セネガルに住むことなんて考えもしませんでした。

その後インドなど他の国で仕事をしていたらある時ふと「アフリカで一から自分で何かを始めてみたい」と思うようになりました。その理由は以前、セネガルに行った際に若者が「セネガル人は仕事がないから行きたいところにも行けないし、欲しいものも買えない」と言っていたことや、「どうせやるなら日本人が一番少ない西アフリカでチャレンジしてみたい」という想いなど色々なものが交じり合っていました。

プレオープン後にスタッフ、インターン生と（一番左が著者）

色々とぐちゃぐちゃと考えても仕方がないと思い、結婚をしてすぐでしたが、二度目のセネガル渡航を決めました。この時は「セネガルに来たはいいものの何をやろう？」という状態でほとんどプー太郎のようでした。時間だけがあり余り、ダカールの街をフラフラする日々。「もうすぐ子どもも生まれるのにこれじゃあダメだ！」と思い、色々と試行錯誤してポテトチップスの販売を始めました。しかしこれは失敗に終わりました。全く売れないわけではありませんでしたが、妻子を養えるだけのビジネスにはなりませんでした。また白紙に戻り、今度は他の西アフリカ10か国を巡る旅をすることにしました。

作品完成後にスタッフ、インターン生と（一番左が著者）

ポテトチップスが失敗に終わり、新しい何かを探したかったのですが、当時の私はアフリカはセネガルしか知らず、他の国を見るべきだと思ったのです。結果的にこの旅で「家族を連れて移住するなら絶対にセネガルが良い」と決めることができました。他にも素晴らしい国は沢山ありましたが、治安や人の温かさはセネガルが一番だと私は感じました。その後もセネガルで何をやるか模索していると、ふと「日本食レストラン」が頭をよぎりました。すると現在も一緒に店をやっている共同経営者の小林も一緒にやりたいと言ってくれました。

それからちょうど1年後に3度目のセネガルに出発しました。セネガルに着いてすぐに、レストランを開業するための物件探しや営業資格取得に向けて役所を巡りを始めましたが、門前払いの日々。予想以上に時間が掛かり、一時は営業資格の取得は不可能と思われましたが、色んな方々の助けを借りて、最終的にはなんとか物件も営業資格も取得することができました。当初の予定では3か月で開業するつもりでしたが、結局開業まで2年以上を要してしまいました。ここからやっとスタートラインに立つこ

とができます。２０１７年4月グランドオープンを予定しています。（２０１６年11月にプレオープン済み）

普段はゲストハウスを運営していることもあり、沢山の日本人旅行者の方が泊まりに来てくれたり、日本からインターン生が来てくれたりしていつも賑やかにワイワイと過ごしています。今後は2店舗目の出店を計画しており、より現地のセネガル人でも利用しやすい値段設定やメニューにするつもりです。一緒にお店を立ち上げたり運営したい学生さんは是非インターンを通じてセネガルに来てください。

著者近影

アフリカでビジネスをしているといっても、一日一日は地味な作業の繰り返し。その中で大変なこともありますが、それ以上に毎日が濃くて充実しています。

プロフィール

千葉県浦安市出身29歳。一児の父。落第を免れてなんとか高校卒業後、単身インドでボランティアをしつつ放浪の旅へ。その後も海外を転々としている途中、セネガルで起業を決意し、試行錯誤の結果レストランを開業することに。現在は妻を含めた日本人スタッフ３名とインターン生複数名、セネガル人スタッフで営業しています。年内にインターン生主体の２店舗目の飲食店開業を目指しています。随時インターン生募集中。
企業名：日本食堂兼日本人宿「和心」
URL：http://shotaharada.com/

アフリカのバラで世界中を幸せで満たす真の win-win のビジネス

株式会社 Asante（AFRIKA ROSE） 代表取締役　萩生田愛

２０１１年7月、たくさんの愛のある反対を押切り、応援してくれる人たちに背中を押され、初めてアフリカの地、ケニアに足を踏み入れました。29歳の時でした。つい先月までは大手の製薬会社のグローバル人事戦略部で、役員たちの人材育成や新人の採用、女性活躍推進などのプロジェクトをまわし国内外を飛び回り最高の上司やチームメンバーに恵まれていました。プライベートではベリーダンスや活け花や女子会など「ＯＬ生活」を満喫しており、何不自由ない順風満帆を絵に描いたような華やかな生活を楽しんでいましたが、一転して、会社を退職し、当時は縁もゆかりもないアフリカケニアの小さな村で、水道も電気もない生活を始めることになりました。この時は、まさか「ケニア」という国で「ビジネス」として、今後一生関わることになるとは夢にも思っていませんでした。

そもそも、アフリカに漠然と興味を持ち始めたのは大学生の時に参加した「模擬国連」というプロジェクトがきっかけでした。「恵まれた環境に育った私」と「恵まれない環境に育った途上国のこども」の不公平さに対する関心よりも、そもそも「恵まれているか恵まれていないか」は誰が決めたのか？　国際社会が途上国を援助していますが、本当に現地の人の役に立っているのか？　もっと言えば、援助を必要としているのか？　という疑問でした。更には、先進国が善かれと思って行っている行動は、逆に彼らの豊かな自然や美しい文化を奪っている可能性もあるのではないか？　こういう本質的なことを、人からの意見やメディアからの情報ではなく、自分の目で見て耳で聞いて肌で感じて確かめたかったのです。大学4年生の時でした。まずは社会人としてしっかり自立しようと、帰国し日本で社会人になりました。

ケニアのバラ農園を訪問

　そして社会人7年目、次々と周りで不思議なことが起こり始めたのです。勤務していた会社がＷＨＯと提携してアフリカへの援助を始め、「一人前になるために就職した会社」と「いつか行きたいアフリカ」が繋がった瞬間でした。通勤電車の吊り革広告のアフリカの子供たちの笑顔が目に飛び込んできます。結婚を考えてお付き合いしていた彼が海外転勤になりました。3・11の震災が起こり、自分の人生を社会に還元したいか深く考える機会となります。趣味で続けていた活け花草月流の先生から「師範のお免状を申請なさったら？」とオファーがありました。

色々なことが音を立てて変化していく瞬間、次のステージで輝くために準備されたカケラが整っていく感覚です。今振り返ると、全てのことは完璧なタイミングで向こうからやってくるのです。

ケニアはバラの輸出大国で、世界的に有名だという事を私は全く知りませんでした。村での疲れを癒すためにナイロビのショッピングモールで週末を過ごしていました。そこでケニア産のバラに出会うのです。煤汚れているバケツに咲いているバラの鮮やかさに目を奪われました。

「これが、バラ!!　日本にもバラはあるけれど、こんな繊細でユニークな模様の見た事ない。茎も太くて花も大きくて、生命力を感じる！」

2015年10月に東京広尾にオープンしたケニアのバラの専門店「AFRIKA ROSE」

「ケニアはバラの輸出量が世界一位なんだ！」誇らしげに話す花屋さん。このバラを買ってダイニングに飾ると、なんと3週間以上も長持ちしたのです。

【アフリカ】【バラ】のミスマッチ、エキゾティックな響き、意外性、【長持ちするバラ】という競合優位性（従来のバラは、持っても3日~1週間）、【バラを買うことが、チャリティではなく雇用を創出するという価値】寄付や援助という従来型の支援ではなく、圧倒的な商品の魅力に価値を感じて購入することで現地に多くの雇用を生み出し、その家庭の子ども達は家計を心配せずに安心して学校に通う事ができるようになります。

日本はケニアよりも経済的には豊かなのに、「Are you happy?」と聞かれて、胸を張って「yes!」と応えられるでしょうか？　大切な家族や友達に、日頃の感謝や愛情を、どれだけ伝えられているでしょうか？

そんな感謝や愛情を、バラに乗せて表現することであなた自身も幸せな気持ちで満たされ、伝えた相手は嬉しい気持ちになります。そしてこのバラの産地ケニアでは経済的な豊かさとなってお返しができるのです。

鮮やかで生命力溢れるケニアのバラ

プロフィール

1981 年、東京生まれ。カリフォルニア州立大学国際関係学部卒業。
在学中に参加した模擬国連にて途上国の開発に興味と疑問を抱く。卒業後、民間企業での勤務を経て 2011 年ケニアに渡る。「援助に慣れきっている現地の姿」を目の当たりにし、援助ではなくビジネスとして関わりたいという結論に至る。生命力溢れるケニア産のバラに魅了され、2012 年「アフリカの花屋」を立ち上げる。2015 年 10 月アフリカ薔薇専門店「AFRIKA ROSE」を東京広尾にオープン。
企業名：株式会社 Asante（AFRIKA ROSE ／アフリカの花屋）
URL：www.afrikarose.com

アフリカが世界を養う!

株式会社ヴェルデ　代表取締役会長
田野島鐵也

「アフリカが世界を養う!」こんな時代が近い将来夢では無くなる計画が、今、ナイジェリア(イバダン)で始められようとしている。今日、アフリカは54ヶ国で構成されており、そのほとんどの国々の「基幹産業」は農業であり、国民の70%近くが農民である。然しながらその30%が「飢え」に苦しんでいる事実がある。

これは、よく農業技術の遅れとして語られているが、ある面正解である。農作物の収量を上げるためには、「緑の革命」でも知られている「近代農業」の手法を取り入れなければならないとされるが、高価な灌漑システム、農業機械、化学肥料、農薬、貯蔵システムが必要であり、とてもアフリカの個々の農家が取り入れられる代物ではない。然しながら、この「緑の革命」も多くの問題点が露呈して、今日では話題にすらならない現状がある。

それは何故なのかであるが、今日の「近代農業」と言われる「農業」は、灌漑システムと化学肥料の多投によって成り立っていると言っても過言ではない。植物を育てる重要な要素に「気候風土」という言葉があるように、「土」の持つ物理性や科学性を無視した上に立脚した「収奪農業」であると言える。灌漑用水や強酸性の化学肥料は、「土」の持つ大切な機能を「溶脱」するばかりか、大量の「塩」を化学肥料によって持ち込まれる仕組みなのである。

もともと作物収量が低い土地柄は、多くの場合「土」の劣化が進行しており「土」の持つ本来の「保水性」や「保肥性」が損なわれている。その様な「土壌環境」に先述したような「近代農業」を持ち込めば、「土」の劣化が幾何級数的に進行し、塩類集積やアルミ障害を併発して、修復不能な砂漠化を招く結果になる。人類の歴史から見ても、古く文明が栄えた地域は全て砂漠化の洗礼を受けているのがわかる。未だ、人口が少ない時代であれば、「不毛の地」から移動すれば問題は解決する訳だが、今日の世界ではそれは「戦争」や「移民」を意味しているわけで、問題は解決しない。

耕作放棄地の大根

そればかりか、今日の「地球環境」は、増え続ける「人口問題」、開発により減り続ける「耕作地」、有限な「淡水資源の問題」や絶滅し続ける「生物の多様性」等、更に「地球温暖化」がもたらすとされる「気候変動」が加わり何やら不気味ささえ感じるのである。それでは、紙面も少ないのでアフリカ大陸を俯瞰しつつ、問題解決に向けた一つの方策を書く事にしたいと思います。

何故アフリカは貧しいのかであるが、その根本は「作物収量」が世界平均の1／3しかないことに起因している。その他の理由もあるがここでは割愛して、話を進めましょう。アフリカの「穀物収量」は1ヘクタールあたり1・5トンであり、世界平均の4トンに比べれば、異常に低い数値である。今日は情報化社会であるわけで、この数字は「農業技術」の遅れだけではかたずけられない要因があることを意味している。

その大きな要因は、「土」の劣化である。農業は「土」が無ければ始まらない訳であるが、その「土」が劣化しているため幾ら努力しても、収量に反映出来ないのである。その劣化した「土」は、日本では丁度「沖縄県」のマージ（真土）によく似ており、赤色を呈している。鉄分やアルミニウムが酸化されている証である。学術的にはラテライトに分類されると思われる。

当然、酸性土壌であり多くの作物の生育には適さないため、収量を上げるためには、一手間も二手間も必要であり又その事も経費がかかり、収量増への道を遠ざけている。

では、それを解決するにはどうすればよいのであろうか？　古来、日本の農家も「痩せた

沖縄の土芝生栽培

土壌」を前に語り尽くせないほどの苦労を強いられて来た歴史がある。日本の農家は何時からか「客土」という解決策を見出し、収量が落ちたり思わしく無い耕作地に新しい「山土」を入れ、収量を維持してきた。これが「客土」である。

今、筆者等はIITA（国際熱帯農業研究所・ナイジェリア）の協力をいただき、今年の6月からIITAの圃場を使用して、弊社が製造する「ヴェルデナイト」を客土資材として、実証試験に入る。多分、1ヘクタールあたり3～4トンの収量はすぐに得られる結果になると考える。これが、実証されればアフリカ各地に「ヴェルデナイト」の簡易製造設備を配し、IITAの指導に基ずきアフリカ各地に広めてゆく計画である。

アフリカが「世界を養う日」の幕開けになることが現実になるのである。

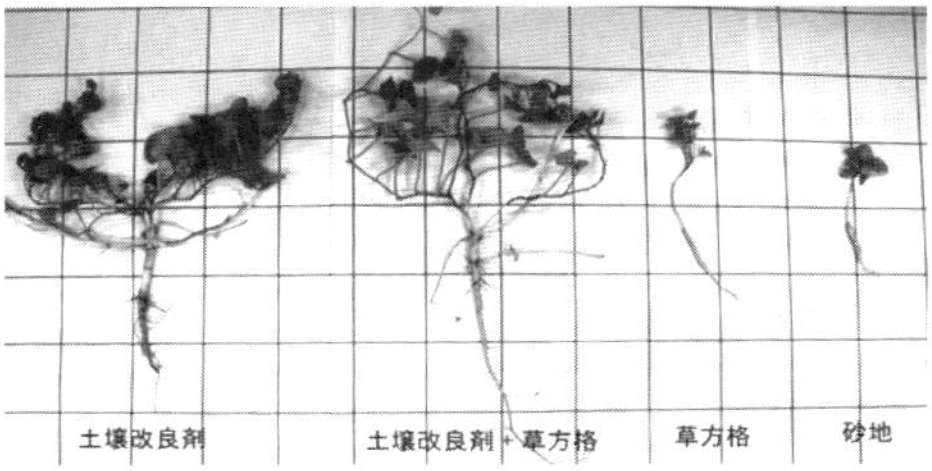

湘南海岸での浜昼顔の栽培

プロフィール

昭和18年、東京（目黒）生れ。昭和41年3月　青山学院経済学部卒（体育会ラグビー部）。川鉄商事（株）技術顧問などを経て平成12年1月　株式会社ヴェルデ設立・ヴェルデナイトの製造販売を開始。（特許取得）

企業名：株式会社ヴェルデ

URL：www.verde-jp.com

地球市民としてアフリカと繋がる

特定非営利活動法人アフリカ日本協議会・代表理事　津山直子

私とアフリカの出会いは、スウェーデンで始まった。大学時代にボランティアサークルで活動し、「福祉国家」と言われるスウェーデンに行き、その社会に触れ、学びたいという思いが強くなった。そして、１９８６年にスウェーデンに留学した際、「福祉」が国内のことだけでなく、国際的な弱者や人権侵害を受けている人たちを支援し、状況を変えていくことでもあり、国際協力、特に人道支援に力を入れていることを知った。その中で、アパルトヘイト（人種隔離）政策による差別と抑圧に対し民主化運動をする南アフリカの人々への支援も高まっていた。ネルソン・マンデラら年長のリーダーたちは投獄され、同年代の若者たちが運動の中心を担い、命をかけて闘っていた。同時代を生きる自分に何ができるのか考えながら国際的な連帯運動に関わるようになった。

一方、日本はアパルトヘイト政権との関係が強く、国連により南アフリカへの経済制裁が決議されたにも関わらず、最大の貿易相手国となり、「名誉白人」という特別な扱いを受けていた。１９８８年、アパルトヘイト撤廃への理解・支援を広げるために南アフリカの民主化組織「アフリカ民族会議（ＡＮＣ）」が駐日事務所を開設し、私は日本人専従スタッフとして働くことになった。当時、ＡＮＣは南アフリカでの活動が禁止され、非合法組織となり、ザンビアに本部をおいていた。資金もない中で、日本で労働、人権、平和、女性など様々な社会運動に関わる人々の支援により、活動を続けることができた。ＡＮＣで働く私には、南アフリカへのビザは発給されなかったが、入国できる時が来たら、南アフリカで草の根での活動に関わりたいと思っていた。

その希望はかない、１９９２年日本国際ボランティアセンター（ＪＶＣ）の一員として、南アフリカ事務所を開設し、スラム地区や農村での活動を開始することができた。１９９４年には初めての全人種参加の総選挙が行われ、ＡＮＣが与党となり、ネルソン・マンデラが大統領に就任した。国際選挙監視団として、選挙に立ち会うことができたが、夜明け前から投票する長い列ができ、「これまでの人生でずっと待ってきた日だから何時間待ってもたいしたことではないよ」と喜び合う人々と忘れられない日を迎えた。それから、

有機農業を実践し、トウモロコシの収穫を喜ぶンディビさんファミリー（南アフリカ・東ケープ州）

HIV陽性者グループで活動する若者たちと（筆者中央）（南アフリカ・リンポポ州）

「マサカーネ：共に築こう」という南アフリカの新しい国づくりのもと、JVC南アフリ現地代表として、帰還難民の職業訓練、環境保全型の農業、小中学校や障害児施設への支援、女性の生産協同組合、HIV／エイズの予防やケア、難民への奨学金プログラムなど、現地の人々と共に様々な活動に携わった。その間に、自分の子ども二人も多様性ある社会をめざす環境の中で育つことができた。多くの人々と助け合いながら苦楽を共にし、築いた繋がりは私の何よりの財産となった。

現在は、アフリカ日本協議会において、アフリカと日本の市民による交流・協力、政策提言、情報発信、日本に住むアフリカ出身の人々との連携、子どもたちの「アフリカンキッズクラブ」などに関わり、年に数回アフリカを訪れている。近年深刻化している外国政府・企業も関係する土地収奪や環境破壊の問題は、その犠牲となっている現地の住民と共に実態を調査し、問題の解決を訴えている。

私が大事にしていることは、「地球市民としてアフリと繋がる」ということである。国境を越えて、同時代に生きる人間として、共に課題に向き合っていきたい。そして、文化、歴史、社会、農業、生物多様性、言語、政治、経済など多様な側面からアフリカを理解し、共に楽しむ輪も広げていきたい。アフリカは多様で複雑で一つにくくれない。「アフリカ」としてではなく、具体的な人や地域と繋がり、積み重ねていくことが大事だと思う。そして、私が改善したいと思っていることの一つがスピーチ力のアップ。アフリカの人々はコミュニケーションを何より大事にし、スピーチ力も高い人が多い。自信を持って話し、ことわざなども盛り込み、威厳を持ちながらもユーモアーを交え、わかりやすく伝える。アフリカでの仕事や生活には欠かせない要素なのだ。

TICAD Ⅵ（第６回アフリカ開発会議）に市民社会代表として参加（ケニア・ナイロビ市、2016 年８月）

プロフィール

1960 年名古屋市生まれ。慶應義塾大学文学部（社会学専攻）卒業後、横浜 YMCA に勤務。1986 年スウェーデンに留学。88 年南アフリカの民主化組織であるアフリカ民族会議（ANC）駐日事務所に勤務。92 年日本国際ボランティアセンターの南アフリカ事務所開設に尽力し、94 年より現地代表を 15 年間務めた。2010 年内閣府政策企画調査官。現在、アフリカ日本協議会代表理事。関西大学客員教授、明治学院大学国際平和研究所研究員。
法人名：特定非営利活動法人アフリカ日本協議会（AJF）
URL：http://www.ajf.gr.jp

廃棄オレンジを使ったジャムパン販売で現地の雇用を創出

会宝産業株式会社　山口未夏

大学生のときに国際政治経済や世界の紛争について勉強し、アフリカに行ってみたいと考えていました。というのは、アフリカではいろんなところで紛争が起こっていますが、その一方で人々は幸せそうで、資源がたくさんあって、未知なる可能性を秘めているところが魅力的だったのです。就職活動の時期に入ろうとしていたとき、ぼんやりとアフリカの発展に貢献できるような仕事をしたいと考えていたところ、JICAに就職していた先輩が、BOPビジネスの紹介としていくつかの名だたる会社が挙げられていたところ、1社だけ聞いたことのない会社があったのです。それが現在勤めている会宝産業でした。

ホームページを見るとアフリカに3つの支社がありましたが、新卒採用はなくて、中途採用で車の解体ができる人を募集しているだけでした。思い切って電話をかけて、アフリカに興味があることをと伝えたら、説明会に招かれました。そこでの会長の熱い思いが心に響き、アフリカ人と一緒に働きながら、日本の企業とアフリカ人をWin-Winの関係をつくれるようなビジネスをやってみたいと思い、入社を希望しました。会長もこれからはアフリカの時代なのでどんどん進出していきたいという強い気持ちがあるものの、社員は誰一人として行きたがらないという現状があり、アフリカに対する私の意気込みにすごく喜んでいただきました。そのときちょうどＪＩＣＡと民間連携ボランティアというシステムが導入されたばかりで、すぐにガーナへ行ってこいということになったのです。

民間連携ボランティアの規定では、１年以上の就業経験が条件だったので、入社後は本社で現場の人たちと一緒にコンテナにパーツを積み込む仕事をしていました。それはアフリカで必要となる部品を積み込みながら、どの車にどんな部品があるか学ぶことも兼ねていたからです。

ガーナ人女性と一緒にジャムパンを売り歩いた

そして、入社から１年後、会社がそこで展開していくことを想定してガーナに派遣されることになりました。ＪＩＣＡの民間連携ボランティアとは、会社に籍を置きながら出張というかたちで途上国に派遣されるもので、現地での業務はボランティア活動ですが、給与は全額支払われ、そのうち８割をＪＩＣＡが負担するというものでした。

ガーナではコミュニティ開発が任務で、アシャンティ州食糧農業省に配属されました。現地の町や村を歩き現状を見て廻ると、誰も仕事をしていないという印象を持ちました。ガーナでは富を持っている人や定職に就いている人が頼まれるとお金を上げるという風習があり、それで貧しい人は依存心が強いように感じました。そこで小さくてもいいからビジネスをはじめて、現地の人の雇用を作りたいと思ったのです。最初の2週間ホームステイしたホストマザーがたまたまパン屋だったということもあり、マーケットに出すことができずに大量破棄されるオレンジを使って、ジュースやジャムパンを生産し、まずは自分で町に売り歩いてみました。それが飛ぶように売れて、その様子を見た現地の女性たちが、自分たちも売りにいくと言うようになり、ビジネスとしてうまく回していくことに成功しました。

のどかな風景（アシャンティ州）

任期の2年を終えて帰国した後は、現地の人たちだけでこのビジネスを続けています。

ガーナに行って良かったことは、直接日本に買い付けに来ているガーナ人と知り合うことができて、人脈が作れたことです。また、2年間のガーナ滞在で、ガーナ人の良いところも悪いところもよくわかったので、今後どのようにアフリカ人と関わっていくべきか、どのようにしたらアフリカの発展に貢献できるか、ということが考えられるようになりました。これからもアフリカに携わっていきたいと考えています。

アフリカの現地では、どれだけ仕事が良くできるか、どれだけ語学が堪能であるか、どれだけ頭が良いかということより、どれだけフレンドリーか、どれだけその人に親身になれる、ということが大切となります。隣の人が手をつっこんで食べているボールで一緒にご飯を食べることができるか、現地の言葉で挨拶して自分から握手にいけるかどうか、そういうことが大事であり、そこさえクリアすればすぐに気に入ってもらえるはずです。細かいことを考えずに、気持ちのまま飛び込んでいくことができるところがアフリカの良さではないかと考えています。

現地の子供たちと触れ合う

プロフィール

1990 年　福岡県大野城市生まれ。中高一貫の筑陽学園高等学校を卒業後、立命館アジア太平洋大学アジア太平洋学部でアジア国際政治ガバナンスを学ぶ。2013 年に金沢市の会宝産業株式会社へ入社。2014 年 9 月に JICA 民間連携ボランティアとしてガーナに赴任し、2016 年 9 月に帰国。現在は同社アライアンス部に所属。

企業名：会宝産業株式会社

URL：http://kaihosangyo.jp/

ギニアの雇用創出と課題解決、資本の循環を目指し製氷工場を展開

GOODEARTH 代表　藤原宏宣

日本から飛行機で27時間。西アフリカにあるギニア共和国で僕は事業を行っています。

U5MRという言葉を知っていますか?

5歳未満の死亡率を表します。我々が事業を行っているギニア共和国はU5MRが13と(1000人中130人が亡くなる)大変高く、その死亡原因の2位が下痢による合併症と言われています。

年中暑い気候にあるにもかかわらず、電気インフラが整っていないため、多くの食物が腐敗し食中毒を引き起こしています。

私が経営するGOODEARTHは現地の雇用創出と課題解決、そして投下した資本が循環する三方よしの事業を目指し、旭川で知り合ったギニア人、バルディーセルと共に首都コナクリに製氷工場を建設しました。

途上国における事業の立ち上げは、日本のような常識が通用しません。正式な手続きで契約した土地を理不尽に追い出され、書類が揃っているにもかかわらず港から荷物を出すこと

ができない。夜中は銃声が鳴り響き、雨が降ると増水のため工場は水浸しに。設置した機械は不安定な電圧で故障し、工場の前で突然始まる大規模なデモ。軌道に乗り出したとたんに世界的な大問題となったエボラ出血熱。航空便はとまり、通貨が突然使えなくなる事態に。失業率の高いこの国は、多くの方が貧困ラインに属し、大変厳しい生活を余儀なくされています。状況が毎日変わる環境に振り回される5年を過ごしました。

それでも事業がなんとか形になり、わずかではありますが現地の課題解決の一翼を担うことができるようになったと思います。

事業拡大のために人材が必要と考え、立ち上げた女性の専門学校のHIMAWARIは2年間の卒業生を出したものの横領とトラブルが止まらず閉校に追い込まれました。そんな経験の中で心から思えたことは、このような状況下で毎日を生きている人が世界には存在し、事業はそのような人々の幸せに貢献できるものでなければならないということです。

あまりにも消費に慣れきった日本の生活スタイルが地球の裏側に住む人々に影響を与えます。必要な人々の元に物資が届かないのに、私たちの身の回りは有り余るほどのモノに囲まれています。

日本へ戻ってくると、無駄なモノがあまりにも多いと感じます。高層ビルを一つ建てる費用でどれだけ多くの人が救われるのか？　そんな視点で物事を見ることができるようになりました。

アフリカ大陸はラストフロンティアと言われていますが、経済成長には限界があります。また支援のあり方も限界に差し掛かり、ムヒカ大統領の提言している新たな価値観を生み出す若者の存在が必要とされる時代になりました。

途上国の貧困状態を放置することは、回り回って先進国で暮らす自分たちの生活を破壊することにつながると感じます。

また物質主義に侵食されている私たちの生活も限界に差し掛かっています。これらの問題に立ち向かう新たな価値観を持った人材がこれからの時代は必要とされるのでしょう。

失敗することが問題なのではなく、挑戦をしないことが問題です。途上国に住む多くの人々と共に、地球に住んでいるということを自覚し、未来へ繋がる仕事をしていきたいと思います。

プロフィール

1980年生まれ大阪府出身。大学を卒業後ケーブルTVの営業を経て、かねてより強い関心のあった農業を始めるため、妻、子供を連れて北海道へ旅立つ。中日本の農業技術とインターネット技術を活用し、中国で事業を展開。その後、旭川にてギニア人セルとの運命的な出会いを経て、ギニアへの足がかりとして製氷事業の実現に走り出す。4児の父。
企業名：株式会社B＆F
URL：kaigaikigyou.com

自分の可能性と『最後のフロンティア』をアフリカに求めて

株式会社ブレインワークス　アジアビジネスサポート事業部　事業部長　渡辺慎平

『最後のフロンティア』と言われるアフリカ。アフリカの可能性を感じたくて、自分という人間が如何ほどの者かを試したくて、アフリカ・ウガンダに飛び立ったのが2年前。2年間のアフリカ生活を終え、私は今、株式会社ブレインワークス（以降、ＢＷ）にて東アフリカをビジネスフィールドとして事業の立ち上げを推進するべく、日々駆け回っています。

私がアフリカを志すようになったのは、アジアビジネスに携わったことがきっかけです。大学時代にラオス学校建設教育支援プロジェクトに参画し、アジアの発展に貢献したいという気持ちが生まれ、アジアビジネスを推進するＢＷに入社。ビジネスでアジアの発展に貢献する！　と意気込み、入社したもののビジネスの難しさを目の当たりにして自分の無力さも思い知らされました。しかし、その中で与えるだけのボランティアとは異なり、双方の利益を前提としながら社会的価値を生み出すビジネスの力に気付かされたことも事実でした。国際協力の分野においてよく使われる『持続可能性』。これはビジネスでは当然のように内包

稲作研修を受ける友人と私

されているものであり、途上国の貢献においてビジネスは不可欠だという認識にもつながりました。

自分の無力さと向き合いながらも4年半ベトナムにおける事業推進を担当。２０１４年当時のベトナムはメディアで取り上げられない日などないほどのアジアブームど真ん中の国。多くの企業も一様にアジア・ベトナムに注目していました。それらの企業の進出支援に携わり、流れのど真ん中で活動を続ける日々は私にとっても非常に充実したものでしたが、当時弱冠25歳の自分にとって「今、注目されているアジアではなく、私はもっと先のフロンティアを目指すべきではないのか」と思うことは自分にとって至極自然のことでした。自身の想いを会社に率直に伝え、２年間の長期海外研修として独立行政法人国際協力機構（ＪＩＣＡ）が進める青年海外協力隊に。ＪＩＣＡは２０１２年より始まった民間連携事業にてＯＤＡを活用した日本企業の海外進出支援を推し進めていて、その事業のひとつに『民間連携ボランティア制度』があり、私はこの制度を活用して協力隊としてウガンダに行くことを決めました。

日本での事前研修などを終え、ウガンダに飛び立ったのは２０１５年1月。ウガンダで課せられた私の活動は、『村落部の地域住民に対する安全な水の確保及び衛生行動の定着』でした。水道も電気もない地域に外国人が一人住みつき、プロジェクトを進めることは容易なことではありません。しかし、その中で活かされたのはベトナムでの経験、ＢＷで得たアウェイでも自分がプロジェクトを進めるという自律の心。最終的には、井戸を維持管理する住民組織への働きかけ、小学校での衛生教育、魚の養殖、養豚、山羊の牧場などスモールビジネスの推進など11のプロジェクトを立ち上げ推進しました。初期費用を自身のポケットマネーで賄うことで小さな規模ながらもリスクテイクをして事業を進める経験は起業家マインドを身につけることにも繋がりました。本気になるとはリスクを背負うことなのだと。

井戸修理の後に

２年間のウガンダでの活動を進める中で、ＢＷはビジネスフィールドをアフリカにも拡大することを決め、２０１６年９月にルワンダに法人を設立しました。ＢＷが持つ人材育成、農業、ＩＣＴの経験と人的ネットワークを活用してルワンダの発展にも貢献していきます。ルワンダの次はウガンダです。当然のことながらアフリカ事業は私が中心となって進めています。何もないからこそ何でも出来る、そこに日本がこれま

BW の渡辺としてケニアのパートナーと打ち合わせ

で積み上げてきた経験と今の時代だからこそ使えるICTを掛け合わせることで事業の可能性は無限に広がっていきます。

　BWに戻った私のこれからの舞台は、『最後のフロンティア』のアフリカに加え、メインフィールドとしている、めざましい発展をとげるアジアです。BWでは、これらの地域をEmerging Global Area、略してEGAと呼んでいます。EGAの発展に負けないほどの成長を遂げたい、そして、EGAにおける日本のプレゼンスをもっと高めていきたいという想い、これこそが私の今の原動力です。

　この本をとっていただいた皆様と一緒にEGAでワクワクするビジネスを一緒に出来ることを楽しみにしています。

プロフィール

1988 年東京都多摩市出身。早稲田大学卒業後、株式会社ブレインワークスに入社。4 年半に亘り、中小企業のアジア進出支援に携わる。特に地方の魅力的な産品を展開する『日本物産館事業』は企画から立ち上がりまで担当。会社の長期海外研修制度を活用し青年海外協力隊としてウガンダへ。ウガンダでは地域住民に対する安全な水の確保をテーマに複数のプロジェクトを推進。2 年間の活動を終えてブレインワークスに復職し、現在はルワンダでの事業立ち上げ、ケニアにおける人材育成プロジェクトを推進している。
企業名：株式会社ブレインワークス
URL：http://www.bwg.co.jp

〈著者プロフィール〉

ブレインワークスグループ

日本とアジアにおいて中小企業総合支援サービスを展開する企業グループ。日本国内向けには、経営戦略支援、人材育成支援、業務改善支援、営業力強化支援、情報共有化支援、情報セキュリティ支援など幅広いサービスを取り揃える。一方、日本企業のアジア進出支援サービスも提供。20年以上の活動経験を有するベトナムにおいては、数多くの企業進出支援実績を誇る。その他、タイ、ミャンマー、インドネシア、シンガポール、中国などにおける進出支援も手掛けている。アジアと日本を結ぶ総合支援事業としてアジアブリッジサービスを提供し、アジア企業と日本企業のマッチングやスピーディーな事業展開を支援している。現在はその事業領域をアフリカまで広げ、2016年にはルワンダに現地法人を設立。エマージング・グローバル・エリア（EGA）における活動を拡大している。

http://www.bwg.co.jp

「アフリカ」で生きる。　――アフリカを選んだ日本人たち

2017年4月20日〔初版第1刷発行〕

著　　者　ブレインワークス　編著

発 行 者　佐々木 紀行

発 行 所　株式会社カナリアコミュニケーションズ
〒141-0031　東京都品川区西五反田6-2-7 ウエストサイド五反田ビル3F
TEL　03-5436-9701　FAX　03-3491-9699
http://www.canaria-book.com

印 刷 所　本郷印刷株式会社

装　　丁　新藤 昇

D T P　伏田 光宏（F's factory）

ISBN978-4-7782-0380-1 C0034